MODELE ETHOLOGIQUE ET CRIMINOLOGIE

*PSYCHOLOGIE ET SCIENCES HUMAINES*

Christian Debuyst

modèle éthologique et criminologie

PIERRE MARDAGA, EDITEUR
2, GALERIE DES PRINCES, 1000 BRUXELLES

© Pierre Mardaga, éditeur
37, rue de la Province, 4020 Liège
2, Galerie des Princes, 1000 Bruxelles

Introduction

Il est devenu habituel de dire qu'une étude psychologique du comportement délinquant et de son auteur soulève de profondes ambiguïtés. Car sur quoi porte-t-elle? Quels sont les présupposés à partir desquels une telle étude s'organise?

1. On pourrait d'abord admettre que la psychologie criminelle se situe classiquement au niveau d'une analyse des comportements délinquants, et suppose dès lors, pour qu'elle puisse atteindre son «objet», que ces comportements, ou les individus qui en sont les auteurs, aient été introduits dans le champ de la délinquance «visible».

Comme on l'a souligné à maintes reprises, un tel fait, pour qu'il ait lieu, suppose des opérations de sélection aux différents niveaux du processus de renvoi qui, selon des règles complexes, aboutit tantôt à faire entrer et à maintenir certains individus dans le circuit judiciaire (ce qui leur donnera cette «visibilité»), tantôt à les en écarter. D'autre part, et ceci n'est pas moins important, faire passer un individu ayant commis un acte qui pose problème dans le champ de la délinquance «visible» entraîne comme conséquence, entre autres pour le psychologue, le fait d'adopter à l'égard de ce qu'*est* cet individu, une grille de lecture et d'interprétation déterminée par cette situation sociale particulière. Un comportement identifié comme délinquant est en effet considéré par définition comme une transgression aux règles du groupe. Le sujet qui l'a commis doit dès lors présenter à un niveau quelconque une «faille» à partir de laquelle cette transgression devient explicable. Ce sera dès lors, à l'intérieur d'une telle démarche que pour le psychologue s'organisera l'attribution à la personnalité du délinquant des diverses caractéristiques ou le repérage de processus susceptibles d'expliquer ce comportement.

On pourrait donc dire que l'ambiguïté de l'attitude du psychologue — comme chercheur ou comme clinicien — réside dans le fait qu'il occupe une position dans un système — le système pénal — qui lui impose son point de vue et la manière de définir le comportement considéré. Idéalement, il faudrait que le psychologue prenne au contraire à l'égard de ce comportement une certaine distance, et ne le considère que comme comportement problématique. De quoi s'agit-il lorsque nous utilisons ce qualificatif à la place de celui de «délinquant»? Nous voulons simplement dire qu'un tel comportement doit être considéré comme posant problème au groupe, sans qu'on n'en attribue dès l'abord la responsabilité à son auteur, mais qu'on l'envisage comme expression d'une inter-relation difficile. En d'autres termes, on opèrerait ainsi une suspension du sens, en maintenant une possibilité de «jeu», indispensable pour que chaque acteur mis en cause puisse s'identifier (ou se ré-identifier) d'une manière correcte et vécue par lui comme correspondant à une certaine réalité. A partir du moment où un individu est défini comme «délinquant» et que son acte est appelé «infraction», cette possibilité de jeu n'existe plus. La signification de son comportement est immédiatement donnée et, comme nous l'avons dit, une grille de lecture «réductrice», qui est celle du système pénal, s'imposera tout naturellement à tous les protagonistes et d'ailleurs au délinquant lui-même.

En plus, il en résultera pour le psychologue qui se réfère à sa formation, en même temps et du même coup, mais cette fois d'une manière plus subtile, une probabilité d'être «pris» (comme on le dit d'une barque sur un étang pris par la glace) par l'ensemble des connaissances qui se sont progressivement constituées à partir des techniques mises en place pour répondre aux questions posées dans un tel contexte. C'est-à-dire qu'une certaine connaissance s'est constituée à partir de cette perspective prise et à laquelle il est tout naturel pour le psychologue de se référer. On pourrait ainsi définir la psychologie criminelle comme constituant un corps de doctrine organisé et systématisé à l'intérieur d'un système donné et qui dès lors doit en porter la marque.

En conséquence, nous nous trouvons confrontés dès le départ à un choix à faire: *Ou bien* la psychologie criminelle à laquelle nous nous référons est effectivement pensée et élaborée à l'intérieur de ce système pénal — et dans ce sens, la vision qu'elle traduit sera en accord avec lui, ou sera utile à son bon fonctionnement et à la justification qu'un tel système se donne; mais en même temps, cette psychologie nous fournira une vue sans doute utilitaire mais déformée par les a priori de départ à partir desquels le système fonctionne. *Ou bien* il importe de prendre à l'égard de ce système une distance nécessaire pour pouvoir reposer la question en termes de comportements problématiques (et non d'infraction), d'analyser ce qui empêche ou rend difficile qu'une telle question soit, dès l'abord, posée en ces termes et chercher à voir ce qui en résulterait au niveau des connaissances et des pratiques.

S'engager dans cette dernière voie pourrait paraître une gageure, au sens précis que prend ce terme, c'est-à-dire « une action ou un projet si difficile qu'on dirait un pari à tenir ». Néanmoins, suffisamment d'éléments et de données nous paraissent déjà mis en place pour nous fournir une base sérieuse à cette démarche. D'autre part, et ceci constitue une question préalable, il s'avère que d'une manière paradoxale, seule cette optique nous permettra de poser à la « criminologie » certaines questions qui pourtant paraissent aller de soi dans d'autres disciplines.

2. Quelles pourraient être ces questions qui nous obligent à élargir le débat? Une analyse uniquement basée sur la prise en considération de la réaction sociale comme créatrice d'objet (plus particulièrement à partir d'un processus de sélection), quoiqu'elle nous engage déjà dans une voie critique, ne nous permet pas de poser le problème d'une manière suffisamment large.

Nous nous heurtons en effet à une question plus fondamentale qui touche à la valeur des connaissances et à leur statut : dans quelle mesure nous est-il possible, et cela dans n'importe quelle science et plus particulièrement dans le cadre des sciences humaines, d'atteindre un « objet » dans sa réalité même et qu'un observateur libre de préjugés pourrait décrire à la manière dont on présente des « faits purs » ? Ne faudrait-il pas dire, au contraire, que nous nous trouvons toujours devant un « monde subjectif » en ce sens que les descriptions des données ou de ces « faits purs » sont déjà tributaires d'une interprétation préalable, ou d'un choix préalable qui découle de la place qu'occupe l'observateur, des méthodes qu'il utilise et qui l'amènent fatalement à opérer des tris entre les éléments qu'il retient et ceux dont il ne tient pas compte? Ou d'une manière plus synthétique, de l'utilité que de telles observations sont susceptibles d'avoir dans un système social complexe dont l'observateur fait partie et qui joue comme un filtre à travers lequel le réel est vu.

Accepter cette deuxième alternative ne veut pas dire que nous cherchons à suspecter a priori la valeur que toute connaissance pourrait avoir. Nous sommes plus exactement amenés à reconnaître que la connaissance ne nous est pas «donnée» à la manière dont une chose nous est donnée (Popper)[1]. Elle résulte au contraire d'un processus dont la caractéristique essentielle est l'analyse critique des données telles qu'elles apparaissent et à travers lesquelles s'exprime *déjà* une forme de connaissance préalable (une connaissance d'arrière-plan, comme le dit Popper). De telle sorte que la fonction du langage scientifique ne serait pas de décrire un donné qui se découvrirait à l'observateur dans sa réalité; elle est d'analyser les biais et les filtrages à travers lesquels ce donné nous apparaît en vue de dépasser ces interprétations préalables, peut-être utiles, mais déformantes par rapport à la *réalité* (ou ce que l'on peut imaginer comme telle), et de ce fait, peu capables d'atteindre celle-ci au-delà des «utilités» qu'elle est susceptible de présenter.

Poser le problème en ces termes nous paraît particulièrement important en criminoloige. Si nous définissons en effet la psychologie comme étude du comportement, dans le cas où le comportement qu'il importe d'analyser est une transgression à la loi pénale, on pourrait croire qu'une fois repéré, celui-ci constituerait une réalité objective susceptible d'être décrite et analysée comme n'importe quel comportement. L'objet de la psychologie criminelle se trouverait ainsi nettement spécifié en dehors et avant toute entrée en jeu de la réaction sociale, le qualificatif de délinquant ne venant s'ajouter qu'après coup à une réalité qui déjà existe.

Nous constatons qu'en ce qui concerne la délinquance, cette manière de voir se heurte déjà aux considérations critiques faites par ceux qui mettent l'accent sur la réaction sociale en tant que créatrice de l'objet criminologique, en ce sens que les comportements délinquants susceptibles d'être étudiés sont ceux qui ont été rendus «visibles». Or, on sait très bien qu'une sélection s'opère à l'intérieur et en amont du système pénal, qui n'est nullement due au hasard et qui de ce fait, rend toute étude partiale. Cette manière de voir se heurte ensuite à la critique plus fondamentale que nous venons de faire et selon laquelle la connaissance d'un comportement, tel qu'il s'est déroulé, n'est jamais dénuée d'interprétation. Elle le sera d'autant moins, lorsqu'il s'agit de transgression, qu'un comportement délinquant suscite une forte réaction émotionnelle et qu'il est essentiel, pour un groupe social, de se montrer capable de la maîtriser. Le caractère «utilitaire» et déformant de toute analyse risque de ce fait d'être particulièrement marqué.

En somme, ce qui caractérise dès lors notre démarche est le fait de retourner (à la manière dont on retourne un gant) les perspectives traditionnelles. Celles-ci consistaient essentiellement à poser le délinquant et son comportement comme objet de connaissance et pour le faire, à s'interroger sur ce qu'il est, sur la manière dont il voit le monde et y réagit, étant donné ses caractéristiques, son histoire, les processus qu'il est susceptible de vivre, etc... En d'autres termes, le délinquant, et éventuellement ceux qui ont été les témoins immédiats de l'acte (les victimes, etc.) se trouvent placés à l'endroit de la scène vers lequel les projecteurs sont braqués; idéalement tout pourrait ainsi être vu, analysé et compris.

Une telle manière de voir suppose que le psychologue ou le criminologue (et au-delà d'eux, les différents membres du groupe social qui participent ou s'intéressent aux activités de la Justice), imaginent que leur point de vue ou que leur regard est dénué de tout a priori; il serait en quelque sorte l'équivalent d'un appareil enregistreur qui fournirait sur l'objet des données immédiates et non problématiques, et par le fait même, objectives, à partir desquelles on pourrait avoir une connaissance du phénomène ainsi qu'élaborer une politique rationnelle.

Si nous voulons nous approcher d'une certaine objectivité, il nous paraît nécessaire d'opérer dans un premier temps un déplacement d'attention, et de reconnaître que le lieu sur lequel doit porter l'attention n'est pas le délinquant, mais bien ceux qui y réagissent ou, d'une manière plus précise (pour éviter tout élargissement indu du thème que nous voulons aborder), ceux qui réagissent en qualité d'observateurs (qu'ils soient cliniciens, chercheurs ou simples personnes intéressées) et cherchent, à travers la démarche poursuivie, à se constituer une certaine information. Dans un deuxième temps, il s'agira de réaborder l'objet d'une manière plus directe et en rapport avec les travaux qui s'y réfèrent. Nous le ferons dans un ouvrage qui poursuivra celui que nous présentons maintenant. A l'heure actuelle, la question qu'il nous importe de poser est celle de savoir où se situe l'information : directement dans l'objet à propos duquel on la cherche, ou dans le regard que l'on porte et qui, d'une certaine manière, infère ce qu'est en réalité cet objet.

Croire que l'information se situe directement dans l'objet, c'est en revenir à l'idée qu'il suffirait, pour acquérir une certaine connaissance du réel, d'observer, ou « d'ouvrir les yeux », de sorte que la réalité se donnerait d'emblée et que la référence à des observations directes pourrait constituer une garantie ou un support suffisant pour l'élaboration ou l'affirmation du bien-fondé d'une théorie. A cette affirmation qui à première vue paraîtrait aller de soi, les épistémologues et plus particulièrement Popper, opposent une fin de non recevoir : « il n'est rien de direct et d'immédiat dans nos connaissances... ». Tout n'est que décodage et interprétation[2], de sorte que la démarche à suivre consisterait plutôt à d'abord s'interroger sur la valeur des données recueillies, et sur les mécanismes à partir desquels ces déformations s'opèrent, afin de pouvoir mettre en lumière les biais qui auraient pu jouer dans la constitution de ces données ainsi que la signification que l'existence de tels biais pourrait avoir en relation avec un contexte plus large.

Cette alternative ne doit sans doute pas être posée en termes trop simples, et tout particulièrement lorsqu'il s'agit de criminologie. Mais il n'empêche que, même si l'objectif central reste celui d'en arriver à une compréhension du comportement délinquant, il nous semble que nous ne pourrons atteindre cet objectif qu'en opérant ce détour et en nous situant au niveau du regard que la « réaction sociale » porte sur le comportement. Un tel regard y introduira forcément des déformations qui détermineront d'une manière subtile son statut de réalité et constitueront cette « connaissance préalable » à laquelle le psychologue se trouvera confronté. Ce détour qui nous amènera sans doute en marge des thèmes normalement attendus, nous paraît nécessaire pour en vérifier les fondements.

Il importe néanmoins de rappeler qu'une telle démarche ne vise pas à s'inscrire dans une volonté systématique de déconstruction de l'objet criminologique. Elle cherche à poursuivre un processus de connaissance dans la seule voie qui nous paraît adéquate : celle d'une vue critique susceptible de permettre une reconstruction d'objets se voulant de plus en plus englobante des éléments multiples qui constituent effectivement la situation.

3. A partir de cette optique prise, on pourra donc imaginer le plan que nous allons suivre.

Il nous importera d'abord de poser le problème épistémologique de la connaissance, et de le faire d'une manière limitée mais très concrète en suivant une suggestion de Popper. La perspective du philosophe anglais a, nous semble-t-il, le grand intérêt de lier cette « connaissance préalable» que nous avons du monde à des constituants biologiques et plus particulièrement, à ceux sur lesquels insistent les éthologistes. Un tel lien posera sans doute problème, et nous amènera pour le moins à effleurer les discussions soulevées par les prises de positions des sociobiologistes. Mais il n'empêche qu'à travers ce que, dans le monde animal, on a appelé les stimuli-signaux, nous voyons se dégager un système permettant de comprendre ce que pourraient être ces filtres à travers lesquels le réel existe et prend sa signification, et que, dans cette mesure, toute connaissance est «construite» à partir de l'utilité que les différents élements constitutifs du réel sont susceptibles d'avoir pour la survie.

Ce sera là, dans le premier chapitre, notre point de départ et la justification de notre titre. Il nous paraît en effet possible de retrouver la littérature criminologique en intégrant dans une telle perspective les modes de rattachement au monde par la défense ou par la sympathie qui furent décrits par le criminologue belge E. De Greeff et qui situent la réaction sociale en rapport avec un certain type de connaissance «préalable» à travers laquelle l'autre (et plus particulièrement le délinquant) est vu. Ce sera dans le prolongement de cette analyse qu'il nous importera de poser le problème du social, et de le faire dans le cadre d'une société dont les membres connaissent par définition des statuts différents et inégaux. En cherchant à n'opérer de réductions d'aucune sorte, nous lierons à ces différences de statuts de nouvelles grilles d'interprétation venant en quelque sorte se surimprimer sur les précédentes.

A partir de là, il nous sera facile de passer aux chapitres suivants qui porteront sur la notion d'infraction en tant qu'elle représente un obstacle épistémologique: elle repose, en effet, sur une préconception à partir de laquelle la connaissance de l'acte et de son auteur va s'organiser. Pour plus de précisions, nous voyons ainsi se dégager les trois thèmes qu'aborderont ces chapitres. Le premier sera celui de la réaction sociale comme instance attributive. En d'autres termes, cette réaction porte en elle une manière de connaître et ne peut dès lors être considérée comme une simple réponse à un stimulus. Le *deuxième* thème vise plus particulièrement la notion d'*infraction*, en tant que celle-ci n'est pas une simple consécration de la réaction sociale informelle, ou vu sous un angle plus pédagogique, n'est pas seulement ni principalement un support à l'obligation morale. C'est aussi, et même plus particulièrement un acte politique qui met littéralement sous tutelle (sans doute avec les nuances qu'il s'agit d'apporter) une catégorie d'individus en fonction d'actes ayant été définis comme infractions. Ce n'est cependant pas la seule manière d'envisager les choses, et le troisième thème portera sur les nuances qui se sont introduites et ont rendu la réaction sociale formelle plus souple à certaines réalités. De telles nuances sont apparues généralement sous forme de dichotomies : infractions graves / infractions légères, comportement dangereux / comportement non dangereux, responsabilité / irresponsabilité. Il nous paraît ainsi possible de voir de quelle manière se situent, après l'analyse critique que nous aurons faite, les apports à partir desquels le droit pénal doit également être pensé.

S'il est exact que la réaction pénale comme les sciences criminologiques se trouvent enfermées dans cet a priori de départ que constitue la notion d'infraction ou de transgression, il nous a paru nécessaire, dans un dernier chapitre, d'opérer un réélargissement du thème pour voir comment il serait possible d'imaginer d'autres présupposés et de faire apparaître une autre logique à partir de laquelle les «faits» pourraient être abordés. Ce cinquième chapitre sera consacré à la morale et à la socialisation comme source de l'obligation morale. Une difficulté, en effet, n'a jamais trouvé une solution satisfaisante (quoiqu'elle fut perçue, dès le début de la criminologie, comme difficulté) et ce, parce qu'elle introduit une contradiction à l'intérieur même de la logique qu'implique la notion d'infraction : c'est celle que pose la délinquance antérograde (Ferri, Durkheim), ou dans un langage plus actuel, la morale post-conventionnelle à laquelle se sont, entre autres, intéressés des psychologues qui prolongèrent les travaux de Piaget (plus particulièrement Kolhberg).

Cette manière de poser le problème, en qualité de psychologue, est sans doute inhabituelle et pourrait être considérée comme susceptible de « distraire » l'attention de l'objet réel sur lequel devrait porter une étude psychologique de la délinquance. Nous rappellerons ici que tout dépend du niveau auquel nous cherchons à nous situer, ainsi que de la manière dont nous posons le problème de l'efficacité réelle d'une démarche scientifique comme la nôtre. Ainsi que l'ont suggéré certains[3], ce qu'il importe de faire actuellement paraît bien être de préciser les « comment savons-nous ? » plutôt que les « que savons-nous ? ». Ces dernières interrogations sont trop dépendantes des premières pour que nous négligions cet avertissement et que nous ne cherchions à définir clairement le sens de nos démarches. C'est en effet pour ne pas avoir situé ce sens qu'il existe une telle ambiguïté portant sur l'approche psychologique de la délinquance. Il était donc logique et justifié que dans ce premier ouvrage, nous nous soyons concentré sur ce qui pour certains peut n'apparaître que comme une question d'épistémologie. Celle-ci nous paraît en effet capitale, et ce ne sera que dans la suite qu'il nous sera possible d'aborder les problèmes traditionnellement liés à la délinquance et de le faire dans une optique que nous aurons eu progressivement l'occasion de préciser.

NOTES

[1] Popper, K., *La connaissance objective*, Bruxelles, Edit. Complexe 1978. Les trois essais traduits ont fait l'objet d'une publication originale en 1972. V. également, l'ouvrage de Malherbe; J.F., *La philosophie de Karl Popper et le positivisme logique*, Namur, P.U.N., 1979, qui comporte une préface très éclairante de J. Ladrière. Nous notons dans l'orientation que nous venons de prendre: «L'objectivité de la science existe dans l'objectivité de la méthode critique, c'est-à-dire dans le fait qu'aucune théorie n'est affranchie de la critique, et non dans le caractère désintéressé du savant... Un savant objectif et libre par rapport aux valeurs ne serait pas le savant idéal, parce que sans intérêt particulier, aucune recherche n'est possible. Cela est plus manifeste dans le cas des sciences sociales». «Il n'y a aucune science de pure observation, mais seulement des sciences qui théorisent de manière plus ou moins consciente et critique» (cité par Malherbe, p. 139).

[2] Popper, K., *La connaissance objective*, Bruxelles, Edit. Complexe, 1978, p. 82.

[3] «Il faut s'opposer ici au postulat classique de la recherche scientifique par lequel un «monde objectif» est posé, indépendant de la description (comme si une telle chose existait): le monde qu'il nous faut prendre en compte est un «monde subjectif», indépendant de la description et qui inclut l'observateur. Ce problème se présente comme un véritable défi... Cependant, en accord avec la recherche scientifique traditionnelle qui demande perpétuellement «comment?» plutôt que «quoi?», cette tâche réclame une épistémologie du «comment savons-nous?» plutôt que des «que savons-nous?» (Von Foerster, Notes pour une épistémologie des objets vivants, dans *L'Unité de l'Homme*, Paris, Edit. Seuil, 1974, p. 402).

Chapitre I
La connaissance, lecture utilitaire du réel

Notre hypothèse de départ est donc la suivante : la connaissance que nous avons du réel ne peut se faire qu'à travers une grille de lecture qui conduit à une déformation de celui-ci ou à une sélection qui s'y opère. Il s'agit là d'une manière générale d'appréhender la réalité extérieure qui s'impose comme interprétation préalable et qui nous paraît valoir pour l'homme comme pour l'animal, avec toutes les difficultés d'interprétation que nous posera d'ailleurs le passage de l'un à l'autre.

Dans ce premier chapitre, ce sera le cheminement d'un tel passage que nous comptons suivre. Il pourra paraître lent par endroits. Mais il nous mènera à certains lieux où la psychologie est susceptible de nous apporter des informations nous permettant de comprendre qu'effectivement, «mutatis mutandis», le système pénal et ce qu'il représente, constituent une grille d'interprétation à travers laquelle sont vues les données portant sur le comportement et la personnalité délinquants. Ce sera dès lors en fonction d'un tel biais qu'il s'agira de les aborder.

A. Les assises biologiques vues à travers l'éthologie

La première question est celle de savoir comment comprendre la manière dont s'opère, à son niveau le plus simple, cette lecture du réel ou son décodage (c'est-à-dire l'utilisation d'un code à partir duquel le réel est susceptible de prendre sens et d'être reconstruit). Il importerait de le comprendre, non seulement pour l'homme, mais plus généralement pour les différentes espèces animales. Lorsque Popper affirme, en effet, que «toute connaissance acquise est une modification — éventuellement le rejet — d'une certaine forme de connaissance qui était là auparavant»[1], il lie cette connaissance de départ aux dispositions innées à partir desquelles, pour chaque espèce et selon des modalités différentes, une *lecture du réel* se déroule. Une telle lecture serait déterminée par une sensibilisation préétablie à certains éléments constitutifs de ce réel génétiquement inscrite dans le bagage héréditaire au cours de l'évolution phylogénétique. On pourrait parler à ce niveau de mode de rattachement instinctif quoique ce terme d'instinct fasse à l'heure actuelle l'objet de nombreuses critiques[2]. Ou encore, dire que cette sensibilisation traduirait les conditions dans lesquelles la survie de l'espèce et l'ajustement au milieu se sont phylogénétiquement organisées de la manière la plus appropriée.

Nous prendrons donc ce point de départ que nous suggère Propper et nous le ferons d'autant plus volontiers qu'il se situe au centre des préoccupations qui ont été les nôtres dans le prolongement de celles du criminologue belge E. De Greeff et de son enseignement à Louvain[3]. C'est à partir de ce point de vue, dès lors, que nous réenvisageons le problème de la connaissance en général, et dans la suite, de la connaissance en criminologie plus particulièrement.

Pour reprendre ce que nous venons de dire, le décodage du réel serait donc au départ, dans le monde animal, le mode de rattachement inné (ou instinctif) que décrivent les éthologistes, et qui s'est mis en place au cours de l'évolution. Popper parle à ce propos d'une *théorie implicite* qui s'est constituée progressivement et qui s'exprime ou s'actualise à travers ce décryptage (ou ce découpage) du réel; théorie implicite selon laquelle un tel système constitue la meilleure solution possible pour favoriser la survie de l'espèce ou son ajustement au monde. Introduire la notion de théorie implicite dans ce qu'on pourrait appeler le jeu de l'évolution nous paraît essentiel pour la mise en place d'une théorie de la connaissance, car l'avoir fait définit d'emblée cette «forme de connaissance» comme une hypothèse posée à partir d'une vue préalable, ou d'une théorie préalable qui forme «filtre». C'est-à-dire qu'il s'agit en fin de compte, d'une théorie susceptible d'être mise en cause, ou d'être réfutée: d'abord d'une manière générale et en utilisant une formule métaphorique, par l'évolution elle-même à travers le processus de sélection naturelle ou une autre forme de régulation; ensuite — et ceci nous concerne plus directement — par le sujet vivant à partir du moment où celui-ci devient capable (et a les instruments qui lui permettent de le faire) de prendre une distance critique par rapport à ce système de décodage dans lequel s'inscrit son comportement. A ce niveau, s'établira donc une des distances qui différencie l'animal de l'homme et pour la préciser, nous pourrions reprendre une affirmation de Popper qui a fait fortune: «la principale différence entre Einstein et une amibe, c'est que Einstein cherche consciemment l'élimination de ses erreurs. Il opère une critique consciente de ses théories. L'amibe ne peut être critique. Elle ne peut l'être parce qu'elle ne peut se distancier de ses hypothèses»[4].

Pour faciliter la compréhension de ce qu'est un système de relation axé sur une sensibilisation préalable à certains points de repère auxquels le réel se limite (c'est-à-dire pour entrer dans le monde de l'amibe ou d'animaux aussi élémentaires), il importerait de prendre un exemple; et l'exemple le plus marquant reste la description que fait celui que l'on peut considérer comme le père de l'éthologie, Jacob von Uexküll, du comportement de ce petit insecte parasite qu'est la tique, et qui constitue, à travers les commentaires de l'auteur, un véritable modèle du genre [5].

La tique a ceci de particulier que sa stratégie alimentaire consiste à guetter, perchée sur l'extrémité d'une brindille d'herbe, le passage d'animaux à sang chaud. Cet animal, privé d'yeux et sourd, perçoit l'approche de ses proies par son odorat. L'odeur de l'acide butyrique, que dégagent les follicules sébacées de tous les mammifères, agit sur lui comme un signal qui le fait quitter son poste et le lâcher en direction de sa proie.

Cette description que nous réduisons volontairement à ses éléments les plus simples, met l'accent sur l'existence d'une sensibilité préalable à certains stimuli (dans ce cas, l'acide butyrique) à partir desquels la réaction comportementale se met en marche et permettra comme « mécanique efficace » la survie de l'espèce. Dans son cadre perceptif, l'objet ne présente d'intérêt que dans la mesure où il est porteur de ces caractères, et s'il ne les rencontre pas, cet animal pourrait, sur son perchoir, rester en attente durant des mois. En d'autres termes, le milieu extérieur se réduit dans ce cas à quelques éléments isolés du contexte d'ensemble.

Le grand apport de von Uexküll a été de mettre en lumière l'existence de ce qu'il appelle le monde propre de l'animal (son Umwelt), c'est-à-dire le monde dans lequel il vit en tant que sujet qui en occupe le centre.

Un tel monde propre est déterminé par la sensibilité préalable qui amène l'animal à réagir, parmi les quantités innombrables de stimuli, à quelques-uns seulement qui seront perçus comme signifiants du fait d'un ajustement préalable qui s'est constitué au cours du processus phylogénétique. « La richesse du monde extérieur sans doute disparaît, mais cette pauvreté du milieu conditionne la sûreté de l'action, et la sûreté est plus importante que la richesse »[6].

Nous dirions donc que le réel fait tout naturellement l'objet d'un découpage dans le cadre duquel une énorme portion est ignorée ou inexistante, parce qu'elle n'entre pas dans le système de décodage qui s'est progressivement constitué et représente la manière propre qu'a l'animal de s'adapter et de survivre. Ce sera donc par le canal de ce mode de relation avec le milieu qu'une certaine connaissance de ce dernier s'organise à partir de ce que Popper a appelé une théorie anticipative implicite. Ce décodage du réel repose en effet sur une anticipation des types de situations qui, d'un point de vue biologique, sont les plus importantes à distinguer et à repérer. « La disposition à distinguer ces situations est donc incorporée à la mise en place (ou à la construction) de ces fonctions relationnelles », et avec elle « la théorie que ces situations, et celles-là seules, sont des situations pertinentes »[7].

Nous avons pris, en citant von Uexküll, l'exemple qui nous amenait à poser le problème dans les termes les plus élémentaires. Les notions de stimuli-signaux qu'introduisent les éthologistes comme Tinbergen ou Lorenz[8] dans l'étude des inter-relations animales (relations entre partenaires, entre parents et jeunes, etc.) prolongent et complexifient cette perspective.

A ce niveau également, lorsque l'on parle des stimuli-signaux qui déclenchent une réaction agressive ou une réaction d'approche, nous pouvons dire que de tels stimuli (ou de tels ensembles de stimuli) constituent des repères à partir desquels un partenaire (ou une situation) prend une signification propre. Les informations transmises par le canal des stimuli-signaux constituent dès lors une base à partir de laquelle on peut comprendre le système qui régit les relations inter-individuelles ainsi que celles que l'animal établit avec le milieu ambiant. Le partenaire est «reconnu» comme partenaire sexuel, ou comme rival, ou comme petit dans la mesure où il est «porteur» de signaux dont la perception déclenche le comportement approprié. Ce sera donc une telle information qui fera de sa présence une présence fonctionnellement signifiante. Si, pour l'une ou l'autre raison, un tel système est perturbé, le partenaire perd cette signification (il ne sera plus reconnu) ou prend une signification autre (il est perçu comme étranger et suscite une réaction d'attaque).

Cette description reste très générale. Il est évident qu'il existera selon les espèces des variations considérables quant à la portion de milieu susceptible de prendre pour l'animal une valeur signifiante. («A l'animal simple correspond un milieu simple, à l'animal complexe un milieu richement articulé»)[9]. De même, le degré selon lequel s'imposent ces schèmes perceptifs correspondant à ce que nous avons appelé une sensibilité préétablie, ainsi que les schèmes moteurs qui y répondent, varieront également considérablement. Les éthologistes ont opposé ce qu'ils appellent les programmes fermés aux programmes ouverts, selon que ceux-ci permettent ou non d'intégrer de nouvelles données constitutives du milieu et rendent possible un apprentissage[10]. Les différences qui, entre les espèces, sont susceptibles de jouer seront liées à la plus ou moins grande complexité des infrastructures nerveuses; elles le sont aussi aux caractéristiques plus ou moins stables et homogènes auxquelles l'espèce s'est trouvée confrontée au cours d'une évolution qui rendait plus ou moins nécessaire une marge d'adaptation à des circonstances nouvelles pour son maintien. Dans cette perspective, il est évident que l'homme apparaît comme l'animal dont le programme est le plus ouvert. On peut d'ailleurs dire qu'il existe presque toujours, à travers le phénomène de l'empreinte et celui de l'apprentissage très précoce, ce que Ruyer[11] appelle une relation de type dialoguant entre phylogenèse et ontogenèse.

Ce sera néanmoins, et c'est pour cette raison que nous nous y sommes reportés, à travers les exemples d'animaux dont les organismes sont les plus élémentaires que nous voyons sans doute le plus clairement la manière dont se constitue le mode d'appréhension du réel et les filtrages à partir desquels celui-ci est reconstruit, quitte à ce qu'un tel filtrage élimine une portion considérable de ce réel tel qu'il apparaît à un observateur se situant totalement en dehors de cet univers propre (comme c'est le cas de l'homme par rapport à la tique).

Ce premier aperçu exigerait sans doute de nombreux ajustements. Notre but n'est cependant pas de décrire plus en détail ces données de la vie animale, mais bien de préciser en quoi toute connaissance portant sur le monde constitue, dès son origine, le résultat d'un filtrage à travers lequel les informations utiles sont triées. Quelques précisions restent cependant indispensables avant d'introduire des indications qui concernent plus particulièrement l'homme.

Nous avons été amenés à marquer une certaine distance à l'égard de la notion d'instinct dont les différentes acceptions créent trop d'ambiguïté; ainsi que le font certains auteurs, nous parlerons plutôt d'adaptation phylogénétique en incluant dans les processus évolutifs liés à l'espèce des processus ontogénétiques plus directement tributaires de l'individu et avec lesquels les relations sont nombreuses et subtiles.

Une telle manière de poser le problème implique qu'une distinction soit faite entre deux composantes que recouvrait traditionnellement la notion d'instinct et à laquelle le criminologue doit être attentif du fait qu'une telle notion a constitué dans le passé une référence courante souvent mal explicitée.

Il nous paraît important, en effet, de distinguer une composante *énergétique* d'une composante *directionnelle*[12]. La première est particulièrement apparente lorsqu'on envisage les tendances les plus élémentaires comme la faim ou la soif. La naissance du besoin est directement liée à un facteur physiologique et met en branle une activité de recherche. Le besoin sexuel peut partiellement être envisagé de cette manière. Le milieu, dans ce cas, constitue le cadre dans lequel l'animal cherche satisfaction. La nourriture sera valorisée dans la mesure où elle satisfait ce besoin, c'est-à-dire dans la mesure où elle sera consommée, détruite, utilisée. Il est évident que nous nous maintenons ici au niveau fonctionnel et que, dans cette perspective, la baisse de tension est l'élément capital que l'animal recherche.

L'autre composante, que l'on appelle directionnelle et qui recouvre ce que De Greeff a désigné sous le terme de « modes de rattachement », est liée entre autres au jeu des stimuli-signaux, en ce sens que ceux-ci, non seulement déclenchent un comportement, mais l'orientent en fonction du type d'information qu'ils donnent. C'est à cette composante que nous nous sommes particulièrement attardés jusqu'ici parce qu'elle détermine ce que nous avons appelé le « monde propre » de l'animal, et nous révèle, à travers cette sensibilité préétablie au monde extérieur, une manière de le décoder ou une manière de le connaître qui tantôt traduit un mouvement valorisant et suscite une réaction d'approche, tantôt une réaction aversive (de retrait ou d'attaque). Dès lors, l'aspect énergétique, primordial dans le cas de la faim, nous paraît passer au second plan en ce sens qu'il n'existe pas une rythmicité du même ordre que celle qui caractérise le retour périodique du besoin. Nous avons affaire à une attitude relativement stable, commandée par une attention à des caractéristiques de l'ambiance perçues comme significatives. La stabilité (ou le caractère continuellement présent) de cette fonction de relation ne fait cependant pas de l'animal un simple appareil enregistreur qui agirait d'une manière sélective aux divers stimuli rencontrés, mais connaît également des variations à travers lesquelles se traduit une certaine homéostasie entre les tensions internes (et dès lors, un aspect énergétique) et d'autre part, le monde extérieur dans lequel ces tensions sont susceptibles de s'exprimer[13]. Néanmoins, cette caractéristique de stabilité de la fonction nous paraît surtout présente pour tout ce qui touche à la défense de l'individu et où existe, en dehors d'une sensibilité plus spécifique, une sensibilité diffuse à l'égard de tout ce qui peut annoncer un danger et qui maintient certaines espèces dans un continuel état d'alerte. Une telle sensibilisation est évidemment essentielle en ce sens qu'elle rend la réaction de défense — au moment où elle doit se produire — plus rapide et efficace.

Ces nuances nous font sans doute comprendre que la distinction entre les deux composantes n'est pas toujours simple à préciser du fait que si l'une ou l'autre domine le tableau, elles restent néanmoins en interférences. Mais cela n'empêche qu'une telle distinction s'avère extrêmement utile, entre autres pour analyser certains points critiques à propos desquels existent des divergences d'interprétation parmi les éthologistes. L'un de ces points — qui intéresse particulièrement le criminologue — est l'objet d'un débat que nous résumerons en deux mots et à propos duquel existe une littérature abondante: c'est l'agression.

Lorenz[14] considère que le modèle énergétique est d'application dans le sens où chez des mammifères comme l'homme, l'agression serait liée à une tendance innée susceptible de s'accumuler si elle ne trouve la possibilité de s'exprimer, de sorte qu'elle devra nécessairement trouver des exutoires. Une telle perspective a été nuancée par un sociobiologiste comme Wilson[15], qui, en néo-darwinien conséquent, fait remarquer que si l'agression à l'égard de congénères fait partie du répertoire comportemental possible (répertoire qui serait effectivement inné), un tel comportement ne s'inscrit dans le cadre des comportements effectifs que dans la mesure où il apporte aux membres d'une espèce un «avantage» dans un domaine déterminé. C'est seulement si un tel avantage existe que l'agressivité constituera un mode d'adaptation phylogénétique; chez l'homme, ce serait à travers une élaboration culturelle que cette prédisposition pourrait devenir effective. Nous nous trouvons déjà devant une explication plus complexe.

Sans vouloir aborder le problème culturel de l'agression, nous dirons qu'au niveau où nous nous situons, une perspective «directionnelle» éclairerait le débat, et d'ailleurs, nous introduirait tout naturellement dans la direction que nous serons amenés à prendre dans la suite et qui fut développée dans le cadre de l'Ecole de Louvain par le psychiatre et criminologue E. De Greeff. Lorsqu'en effet, I. Eibl-Eibesfeldt[16] reprend les vues de Lorenz, la description des comportements agressifs, qu'il considère comme universels, ne fait en réalité pas appel à un modèle énergétique mais bien directionnel. Ce qui serait commun à toutes les cultures ou apparaîtrait spontanément chez des sujets privés d'expérience (enfants aveugles, sourds-muets) sont des réponses agressives résultant des sentiments de menace (entre autres sentiment de menace face à l'étranger). Ce qui nous paraît fondamental est dès lors l'apparition d'un état d'alerte liée à cette menace, c'est-à-dire une manière d'être rattaché au monde qui amène le sujet à réagir au milieu à partir des informations qu'il interprète en fonction d'une sensibilisation préalable (que l'on pourrait interpréter dans certains cas, comme une élaboration phylogénétique). Ce sera un tel mécanisme cognitif qui suscitera la mise en branle de l'énergie nécessaire à l'autodéfense (et non le contraire).

B. L'homme : ses modes instinctifs de rattachement au monde et ses manières de le connaître

Nous en arrivons ainsi à envisager le problème tel qu'il se pose pour l'homme, et à le faire en nous référant plus directement à De Greeff[17].

Ce qu'il faut d'abord remarquer est que contrairement à un grand nombre d'éthologistes et tout en adoptant les conclusions que ceux-ci tiraient des observations qu'ils avaient faites au niveau de l'animal, De Greeff n'a pas cherché à dégager pour l'homme des stimuli qui pourraient être considérés comme des signaux-déclencheurs au même titre qu'il en existe chez l'animal. Un certain nombre de travaux ont été dominés par une telle préoccupation; ils furent généralement d'un caractère peu rigoureux et il faut reconnaître que leurs conclusions n'ont jamais été très convaincantes[18]. Il pouvait d'ailleurs difficilement en être autrement du fait qu'il s'avère particulièrement délicat de distinguer, dans les systèmes signalétiques humains, la manière dont s'imbriquent les éléments qui sont de l'ordre phylogénétique de ceux qui sont de l'ordre de la culture, ou encore de ceux qui sont liés aux sensibilisations individuelles qui, pour un animal capable de s'intégrer dans la durée (tel que l'homme) mettent en cause les structurations affectives qui se sont constituées au cours de ses expériences propres.

Ce ne sera donc pas sur l'existence de déclencheurs spécifiques que l'accent sera mis, et qu'à propos de l'homme, une certaine universalité sera recherchée, qui paraît être effectivement aléatoire. Elle sera affirmée, par contre, au niveau des mécanisme psychologiques élémentaires qui accompagnent le jeu des fonctions de rattachement et qui dans la ligne du modèle directionnel que nous avons rappelé, peuvent être dominées tantôt par la défense, tantôt par l'attraction ou la sympathie. Il se peut évidemment que certains stimuli déclenchent plus généralement l'insécurité et l'angoisse (ainsi, pour Eibl-Eibesfeldt, l'étranger perçu comme ennemi ou comme danger) et nous pourrions avoir affaire à des déclencheurs liés à une adaptation phylogénétique. Ce n'est cependant pas à ce niveau que la discussion se situe. L'importance (et la généralité de la caractéristique) réside dans le fait que des stimuli, quels qu'ils soient, lorsqu'ils suscitent un état d'alerte ou de défense, déclenchent d'une manière quasi automatique des mécanismes psychologiques qui définissent la relation au milieu ou, si nous le voulons, déterminent la manière dont le milieu est «vu», ou est «connu». Il en est de même pour les stimuli susceptibles de déclencher une réaction d'approche ou de valorisation: de telles réactions s'accompagnent également de mécanismes psychologiques déterminant la manière dont l'objet valorisé est vu ou est connu.

Il importe d'apporter ici certaines précisions qui nous réfèrent sans doute à une littérature déjà ancienne, mais dont l'actualisation est à redécouvrir et à repréciser. Les mécanismes psychologiques liés à ces modes de rattachement axés sur la défense ou sur la sympathie (dans une perspective très proche du modèle directionnel) constituent ce que De Greeff appelle des mécanismes incorruptibles, c'est-à-dire des mécanismes qui entrent en jeu lorsque l'homme se trouve dans une situation qui suscite un état d'alerte ou une attitude de sympathie. Nous nous limiterons au premier des deux mécanismes — la défense — car c'est celui-là qui, pour des raisons liées à notre sujet — nous intéressera plus particulièrement dans la suite.

Si nous cherchons à décrire les mécanismes qu'un tel mode de rattachement implique, nous dirons qu'ils se traduisent d'abord par la projection d'intentions hostiles faites sur celui qui apparaît comme porteur de menace et auquel il importe de répondre. C'est-à-dire que celui-ci ne sera plus vu que comme l'«ennemi», l'«être dangereux», dépouillé de tous les aspects positifs qu'il pourrait avoir, de sorte que, réduit à ces quelques aspects, il justifie une attitude de riposte et de destruction.

Le rappel de certains éléments sur lesquels une telle optique s'appuie nous permettra de mieux saisir la portée de cette réaction à la fois intentionnalisante et réductrice. De Greeff se réfère lui-même à Piaget et aux descriptions que fait le psychologue suisse de ce qu'il a appelé l'animisme chez l'enfant et qui apparaît entre autres dans la réaction que celui-ci manifeste lorsque, par exemple, il s'est heurté à une table et répond à la douleur ou à la contrariété qu'il éprouve en frappant la table et en disant qu'elle est «méchante»[19]. Dans cette éventualité, on peut dire que cette réaction n'est pas seulement un geste de défense ou d'agression; elle se traduit en même temps et d'une manière aussi spontanée par une représentation qui s'impose de l'être menaçant: celle d'être porteur d'intentions méchantes, alors que dans ce cas, bien évidemment, il s'agit d'un objet incapable d'en avoir. Cette projection constitue un élément qui prend place dans l'ensemble du comportement adopté et qui, en quelque sorte, l'intègre dans une logique qui apparaît à la fois comme justification et comme sens.

Cette référence à Piaget nous permet également de mettre l'accent sur l'évolution telle qu'elle se déroule face à ces interprétations intentionnalisantes[20]. En grandissant, l'enfant va progressivement inhiber de telles interprétations à mesure qu'il perçoit l'impossibilité d'attribuer le tort dont il est victime ou la menace qu'il vit à une chose ou à une personne déterminées. C'est-à-dire qu'apparaîtra une prise de distance à l'égard de sa réaction de départ qui se traduira par un effort de désintentionnalisation ou par une dépersonnalisation de l'acte, c'est-à-dire la prise de conscience et l'acceptation de ce que cet acte n'est pas l'expression de ce à quoi on identifie son auteur (une intention mauvaise); ou plus exactement, n'est pas l'expression de ce à quoi on le *réduit*, parce qu'il s'agit au sens propre du terme d'une opération «réductrice» au cours de laquelle on isole arbitrairement une intention possible de l'ensemble, cet arbitraire étant en quelque sorte une hypothèse phylogénétiquement justifiée du fait qu'à court terme, elle facilite la réaction de défense et paraît être la meilleure sauvegarde de l'individu. Une telle prise de conscience constitue dès lors, au sens où Popper le considère, une mise en cause de cette hypothèse, et représente un progrès de la connaissance. Cette interprétation popperienne vaut de la même manière pour les analyses faites par Berkowitz en opposition aux interprétations de Dollard sur l'agression comme réponse à la frustration[21]. En réintroduisant le facteur cognitif dans le lien causal frustration-angoisse-agression, on peut en effet comprendre que toute frustration ne provoque pas une agression parce que l'individu frustré est susceptible d'en percevoir un sens qui la justifie. A partir du moment où le sujet prend conscience de ce que la frustration qu'il subit est liée au hasard, cette prise de distance permet une nouvelle *manière de voir*, en bloquant l'interprétation spontanée correspondant à l'hypothèse phylogénétique, qui s'avère erronée, et en dépersonnalisant l'acte de toute intention frustrante pour le revoir comme simple effet du hasard.

Une dernière référence nous permettra peut-être d'encore mieux approcher le jeu des mécanismes réducteurs susceptibles d'être en cause. Elle consiste en un exemple[22] qui présente l'avantage de faire ressortir le caractère antagoniste des modes de rattachement axés sur la défense et la sympathie et les conséquences qui résultent d'un brusque passage de l'un à l'autre. Supposons qu'en temps de guerre (une guerre de tranchée) et qu'au cours d'un moment de répit durant lequel s'installe un début de solidarisation entre adversaires, un soldat de l'un des deux camps médite sur l'absurdité qu'il y a de tuer l'ennemi d'en face, dont il voit périodiquement la silhouette à distance. Dans cette réflexion qui s'installe, il l'imagine comme un homme dont la vie est très comparable à la sienne: père de famille, attaché à sa femme, à ses enfants, aimant peut-être la musique, la lecture, les sports, etc... En d'autres termes, il est pris par un mouvement de sympathisation qui l'amène à supposer chez ce partenaire une vie complexe qui fait de lui un être auquel on est susceptible de s'attacher. Dans une telle disposition d'esprit, prendre son fusil et abattre cette silhouette apparaîtrait comme contradictoire à ce qu'il vit et serait vécu comme un meurtre.

Mais supposons qu'à ce moment précis, cet homme entende des balles siffler à ses oreilles, tirées par l'ennemi d'en face à propos duquel il médite. Ce brusque *état de danger*, non seulement provoquera un sursaut et mettra un terme à ses réflexions, mais en plus modifiera comme par un déclic sa perception de l'autre et de la situation. Alors que celui-ci était perçu comme un être ayant une vie personnelle dont il importait de tenir compte, il se retrouve brutalement réduit à sa qualité d'ennemi, c'est-à-dire à une abstraction dont la caractéristique essentielle est d'être animée par des intentions dangereuses et menaçantes pour son pays, pour sa famille, pour lui-même, et qu'il importe de détruire pour se protéger. Toutes les autres caractéristiques seront véritablement effacées ou niées. Dans le cadre d'une logique axée sur la défense on le comprend d'ailleurs fort bien, car ces éléments positifs constitueraient des facteurs inhibiteurs rendant impossible une réaction agressive non ambiguë. Or, dans ce cas, c'est l'ambiguïté de la réaction qui apparaîtra comme dangereuse; il est essentiel qu'elle soit éliminée, et elle ne peut l'être qu'en identifiant celui que l'on a en face de soi à ce stéréotype qui, dans une telle situation, a naturellement cours: celui de l'ennemi, avec toutes les connotations réductrices qui lui sont liées. Et c'est dans ce sens que l'on peut effectivement dire qu'un pareil stéréotype est une véritable création du mode de rattachement axé sur la défense et qu'un tel mécanisme de projection repose sur l'hypothèse implicite qu'il s'agit là de la meilleure manière de se défendre.

Quelles conclusions pourrions-nous tirer de ces dernières descriptions dans le cadre que nous nous sommes actuellement donné? C'est d'abord que les analyses de De Greeff s'intègrent fort bien dans le prolongement du courant éthologique, en ce sens qu'elles présupposent l'existence d'une sensibilité préétablie à la suite, pourrait-on dire, d'une adaptation phylogénétique. Une telle référence constitue effectivement la toile de fond. Mais en décrivant cette sensibilité préétablie, E. De Greeff ne met pas l'accent sur l'existence d'objets qui seraient des stimuli-signaux nettement spécifiques (et dont la spécificité pose problème non seulement pour l'homme, mais déjà au niveau du monde animal). Quand il s'agit de l'homme, il insiste au contraire, dans une perspective qui suit un modèle explicatif de type directionnel, sur l'importance des processus psychologiques qui, pour lui, seraient essentiellement d'ordre cognitif (la projection de, ou une sensibilité particulière à certaines caractéristiques à partir desquelles l'autre est reconstruit). De telle sorte que de telles explications se situent, nous semble-t-il, à la jointure entre les perspectives éthologiques et d'autre part, les préoccupations qui, à l'heure actuelle, tendent à devenir dominantes chez certains psychologues sociaux[23]: celles qui nous réfèrent aux processus d'attribution et qui devraient manifestement, en ce qui concerne les mécanismes en cause, être étudiés à une pluralité de niveaux.

Une autre conclusion se rapporte directement au processus de connaissance et, toujours dans le cadre auquel nous nous limitons actuellement, aux mécanismes selon lesquels un tel processus se déroule: ce que Popper appelle une « connaissance préalable » qu'il lie aux dispositions innées, se caractérise essentiellement nous semble-t-il, par une réduction du champ de la réalité à ce qui se rapporte aux préoccupations vitales (que ce soient celles de l'espèce ou celles de l'individu), de sorte que nous assistons simultanément à un double mouvement : une occultation d'une partie du réel, et d'autre part, une reconstruction de celui-ci à partir des éléments rendus pertinents. Lorsque nous passons progressivement de l'animal à l'homme, la différence réside dans le fait que, pour l'animal (selon les éthologistes), de tels mécanismes sont liés à l'existence de signaux précis, constitutifs pour les éléments du monde extérieur qui en sont porteurs d'une signification susceptible de déclencher un comportement déterminé. Pour l'homme, au contraire, nous assistons aussi, mais cette fois à travers des processus plus directement psychologiques, à une fragmentation du réel et à une reconstruction de celui-ci selon une signification qui dépendra du mode de rattachement mis en cause.

On peut donc admettre que nous nous situons, en posant le problème de cette manière, au niveau de ce que Popper appelle une théorie implicite qui lie la connaissance du réel à la solution adaptative considérée comme la meilleure. Nous aurons ultérieurement à tirer les leçons de cette analyse en criminologie ; mais avant de le faire, il nous importe d'aborder ce qui, à travers la notion de rite, situe plus directement ce que nous venons de voir dans le cadre d'une dynamique inter-relationnelle.

C. Hiérarchisation et rituels

Pourquoi parler des rituels[24] dans le cadre d'un chapitre portant sur les processus de connaissance et sur les mécanismes par lesquels le « réel » se construit ? Le recours à ce thème implique en effet qu'il soit justifié de le faire, car il n'est nullement dans nos intentions de poursuivre une description des différentes notions que les éthologistes ont mises à !'ordre du jour. C'est que l'existence d'un lien hiérarchique ne crée pas seulement un ensemble de comportements ritualisés qui «informe» pour une grande part la vie sociale du groupe, c'est encore et surtout que ce lien suscite chez les membres du groupe, une attitude psychologique qui, dans un tel type de société, deviendra prévalente: celle de manifester une *attention* constante à toutes les nuances comportementales des dominants et des dominés qui permettraient de prévoir leur comportement et d'adopter une réaction en conséquence[25].

On peut donc dire que dans ce cadre sociétaire, le fait fondamental, au point de vue psychologique, est l'entrée en jeu de cette fonction qu'est l'attention braquée ou orientée vers un objet précis: les règles à partir desquelles les rapports (de domination) s'exercent.

En retenant cette notion de hiérarchie et en mettant à l'avant-plan de l'analyse — comme le propose Chance[26] — une prévalence des relations axées sur un certain type d'attention, nous sommes conscients d'opérer une sorte de découpage en fonction d'une perspective d'analyse que nous posons d'ailleurs comme hypothèse. Mais, dans la démarche que nous cherchons à suivre, cette hypothèse nous paraît éclairante et utile.

Il importe d'abord de préciser les différentes notions que nous comptons utiliser, et, pour ce faire, nous nous référerons aux éthologistes puisque ce sont eux qui nous fournissent notre point de départ.

Lorsque J. Huxley, un des premiers maîtres de l'éthologie, parle des comportements sociaux des animaux, il situe d'emblée sa définition dans la perspective que nous avons prise jusqu'ici. En effet, écrit-il, «le comportement social est fait d'un ensemble de réactions instinctives, en partie innées, en partie conditionnées, intervenant entre les individus comme un *système équilibré de signaux mutuels*»[27]. Mais, comme au niveau même de ces interactions interviennent des *enjeux* susceptibles de rendre un tel système précaire, les rituels apparaissent comme une solution que l'espèce a «imaginée» (ou si nous voulons utiliser le langage consacré : qui s'est imposée au cours de l'évolution phylogénétique) pour résoudre ces difficultés nées des contradictions ou des manques de coordinations liés à la réalisation de ces enjeux et qui auraient pu mettre la survie du groupe en danger.

Lorenz définit le rituel comme étant un «schéma moteur phylogénétiquement adapté, qui a servi initialement à l'espèce pour répondre à certaines nécessités du milieu mais qui, dans la suite, a pris une nouvelle fonction qui est une fonction de communication»[28]. On pourrait discuter sur le terme de communication dont la signification dépend de la définition qu'on en donne. Néanmoins, cette fonction des rituels répond particulièrement à deux exigences : elle vise d'abord à canaliser l'agressivité en faisant en sorte que celle-ci puisse se décharger sans causer de dommages (ce seront, par exemple, les luttes ritualisées entre mâles qui permettront à chacun de jauger la force de l'autre et de rendre le combat inutile); et d'autre part, elle permet d'établir (ou de rétablir) la cohésion entre deux ou plusieurs individus d'une même espèce afin de rendre possible une activité commune (activités sexuelles, élevage des petits, etc.).

Cette définition des rituels comme «régulation» ne doit pas nous faire oublier qu'un tel moyen, dans une partie importante des activités animales (et tout particulièrement, dans le secteur qui nous intéresse : les rituels à travers lesquels s'affirme la hiérarchisation), fait jouer d'une manière impitoyable la sélection naturelle au profit des plus forts (avec les nuances, sans doute, qu'il importerait d'introduire). Dans le cadre de ces sociétés en effet, l'existence d'une hiérachie entre les membres fondée sur des relations en cascade de type dominant-dominé, traduit un rapport de force qui, à travers cette régulation que les rituels introduisent, devient une sorte d'institutionnalisation de la violence ou de la suprématie des dominants. Une telle hiérarchie institutionnalisée a sans doute sa raison d'être au service de l'espèce et évite que n'aient lieu, autour des enjeux à propos desquels s'opposent ses membres, des combats permanents et surtout menés jusqu'à leur terme ultime, ce qui aboutirait à la mort d'un grand nombre. Dans un système ritualisé, par contre, l'animal dominant (ou le despote), tant qu'il est effectivement le plus fort, rappelle son autorité par de simples manifestations de puissance, tandis que les animaux de rang inférieur traduisent leur subordination par des rituels de soumission ou d'apaisement. C'est à travers cet équilibre que le système fonctionne et se maintient. Lorsque les conditions dans lesquelles vivent ces animaux sont anormales par rapport aux conditions naturelles (endroit clos), il n'est pas rare de voir les membres du bas de l'échelle sociale continuellement rejetés et finalement incapables de survivre.

Il existe, depuis que cette notion de hiérarchie animale a été décrite par Schjelderup-Ebbe (1932), une littérature considérable qui n'est pas sans présenter des nuances et même des contradictions. Selon Chance, qui a fait sur ce point un état de la littérature (en 1974), le seul critère qui paraît commun à toutes les descriptions faites d'un ordre hiérarchique dans les sociétés de primates est la *déférence* que certains animaux témoignent à d'autres animaux et le fait qu'ils leur cèdent la place[29]. Ce comportement particulier pourrait constituer, dès lors, l'élément essentiel et traduire ce qu'on pourrait appeler un *invariant* de ce type d'organisation sociale.

Si effectivement, l'élément commun que nous retrouvons dans les descriptions faites des sociétés hiérarchiques est la déférence des animaux dominés à l'égard des dominants et le fait de céder le pas dans le cadre des inter-relations et ce, à propos de diverses activités possibles, on peut effectivement en déduire que l'animal dominé doit toujours connaître les mouvements des dominants et prêter une attention constante à tous les va-et-vient qui impliquent de sa part s'il veut éviter les rebuffades et les coups, un comportement approprié. L'existence d'un lien hiérarchique s'accompagne dès lors, d'une conscience toujours en éveil des signes qui pourraient laisser prévoir chez le sujet dominant la possibilité d'un comportement contre lequel il importe de se prémunir. En contrepartie, on pourrait dire qu'une telle attention existe également chez les dominants en vue de vérifier constamment la soumission des dominés; cette attention focalisée sur certains rivaux directs, peut d'ailleurs devenir à ce point envahissante que les premiers en arrivent à perdre la maîtrise de ce qui se passe en périphérie de leur champ de vision où d'autres membres (dominés) retrouvent en quelque sorte par la bande et à propos de certaines activités (telles que des activités sexuelles) une liberté d'action relative.

On pourrait donc dire qu'au-delà de la déférence, ce qui constitue, dans les organisations hiérarchiques, le trait invariant, est l'existence d'un état d'alerte qui se traduit, plus particulièrement de la part des dominés, par une attention constante qui généralement sera «flottante» (une attention du «coin de l'œil») mais qui permet néanmoins d'être toujours virtuellement informé de ce qui se passe.

Ce qu'il importe de souligner est qu'un tel type de relation axée sur une attention réciproque (ou plus exactement, une attention-suspicion réciproque) suppose qu'il suffit, pour que les manifestations de suprématie soient efficaces, qu'elles s'expriment à distance à travers des gestes de menace ou de subordination et de retrait. Il s'agirait donc d'une forme sociétale dont l'élément essentiel serait la *distance maintenue* à partir d'une évaluation ou d'une expression des positions qu'occupent les uns et les autres et qui définissent leurs rôles. Ce qui apparaît comme primordial, dans l'apprentissage que l'on demande aux dominés comme aux dominants, est d'éviter les erreurs d'appréciation.

Dans la mesure où cette dimension hiérarchique prend la pas, il importe donc de noter, nous semble-t-il, son caractère profondément accaparant. S'il en est ainsi et s'il n'est pas simple de se dégager d'une telle forme d'interrelation, c'est qu'elle comporte une autre caractéristique qui tend à la renforcer en lui donnant un support d'un autre ordre : en effet, les dominés trouvent, en contrepartie, dans les dominants une protection, et ce fait soude le groupe d'une manière telle que cette hiérarchisation constitue l'horizon nécessaire dans lequel la vie commune se déroule. Pour reprendre les termes de Chance qui s'appliquent aux sociétés de primates, nous dirons que l'attention des membres, fondée sur l'évitement de la menace, porte sur l'individu central qui sera un mâle dont le seuil d'agressivité est très bas. Un tel seuil le rend à la fois immédiatement prêt à défendre la société contre les prédateurs et à constituer pour le groupe un refuge, mais aussi à attaquer les autres membres et à représenter pour eux une menace toujours présente.

Cette situation se caractérise donc par une profonde ambivalence qui maintiendra dans la vie sociale une tension que nous pouvons finalement considérer comme non réductible, et dont l'acuité variera selon les circonstances. C'est pour traduire une telle réalité que Chance donne à cette dimension hiérarchique le nom d'*agonistique*, en expliquant que ce terme vise à traduire « la tension qui intervient entre fuite esquive, ou entre fuite et agression dans une société où tous les membres doivent rester ensemble » pour bénéficier de la protection du dominant qui est en même temps source de menace[30].

Par rapport à ce que nous avons dit dans le paragraphe précédent, il faut évidemment noter que la distinction établie par De Greef entre les deux modes de rattachement (sympathie, défense) et que l'on peut considérer comme systèmes codés à travers lesquels le réel est *vu* ou reconstruit, se trouve mise en cause, ou pour le moins, doit prendre place dans une élaboration plus complexe qui tienne compte du fait sociétaire ou plus exactement, de cette dimension agonistique qui habituellement le constitue. Une telle dimension, du fait qu'elle ne met pas en jeu uniquement la défense, mais aussi le besoin de protection, introduit une ambiguïté dans tout lien axé sur la sympathie (comme par exemple, le lien parental ou le lien amoureux) dans la mesure où celui-ci est susceptible de se vivre ou de se définir selon un mode hiérarchique ou selon un mode de dépendance dans lequel la sécurité (ou la recherche d'accueil) de l'un dépend de l'attitude de l'autre. Celui qui se vit comme dépendant à la fois manifeste un comportement susceptible de provoquer cette attention ou cet accueil et de les maintenir, et d'autre part, se montre aux aguets de toute manifestation expressive que cet autre pourrait témoigner, en vue d'être prêt à répondre à tout ce qui pourrait être une invitation sécurisante. Il s'agit donc bien là d'une *attention* du même type que celle décrite par Chance dans la mesure où elle s'intègre également dans une relation hiérarchique inégalitaire, mais qui cette fois se situe dans le cadre d'un lien axé sur la sympathie.

Nous ne développerons pas cet aspect, comme d'ailleurs, nous n'insisterons pas non plus sur une deuxième dimension susceptible de contrebalancer, dans le cadre sociétaire, cette dimension agonistique. L'éthologiste parle de dimension *hédonique* (en donnant à ce terme une dimension différente de ce que signifie le terme français d'hédonisme) au niveau des relations inter-individuelles; l'élément dominant est dans ce cas constitué par les manifestations de contacts (embrasser, toucher, serrer la main, etc.) et ce qu'elles impliquent : sentiment réciproque d'être en sécurité et d'être rassuré, inhibition à l'égard de la montée des excitations et de la tension, etc... Chance pose l'hypothèse que dans une société donnée, ces deux systèmes coexistent, et que très probablement, nous trouvons une telle coexistence dans les sociétés humaines, avec, selon les circonstances, des changements possibles d'équilibre.

Mais ici encore, la question de l'utilité de ces descriptions se pose à nous. Qu'avons-nous voulu faire en nous référant le long de ces pages aux rituels ou plus exactement, à ces organisations sociales qui paraissent s'établir comme solutions s'étant imposées dans des espèces proches de la nôtre au cours de la phylogénèse ?

C'est d'abord constater le fait que les données fournies par les éthologistes et à partir desquelles, dans la ligne même de Popper, il nous paraît nécessaire de situer ces «connaissances préalables» à travers lesquelles la réalité est vue et interprétée, nous obligent à envisager différents canevas à partir desquels les codes de lecture s'établissent. Nous verrons en effet, dans les pages qui suivent, que déjà dans les sociétés de primates, les images que l'on a et à partir desquelles les comportements s'organisent ne se déroulent pas dans un vide sociétaire, mais au contraire, s'inscrivent à l'intérieur de relations qui prennent place dans des formes dont l'une nous paraît particulièrement importante parce que nous la retrouvons, quoique dans des proportions variées, d'une manière insistante dans toutes ces sociétés : c'est la forme agonistique (ou hiérarchique). L'éthologiste anglais Chance a fort bien montré que la caractéristique primordiale (et qui est psychologique) de cette forme sociétaire est une conscience (ou une attention) toujours en éveil à l'égard des mimiques expressives. Celles-ci permettent de prévoir le comportement des autres, en tant qu'à travers elles, se manifestent et se vivent les relations de pouvoir (car toute hiérarchie nous ramène en fin de compte à une relation de pouvoir), de telle sorte que c'est en termes de pouvoir, ou en référence au pouvoir, que la connaissance s'organise.

On pourrait croire qu'avec tous les sous-entendus qu'implique ce que nous venons d'affirmer, nous opérons un certain nombre de confusions.

La première, évidemment, est qu'il est dangereux, en partant d'une analyse éthologique, d'utiliser des termes (celui de pouvoir) qui n'ont leur véritable sens que dans les sociétés humaines où par définition, les problèmes se posent en termes différents; et ainsi laisser croire que le passage d'une société animale à une société humaine ne soulève aucune objection. Nous aurons l'occasion de retrouver cette question dans le paragraphe suivant. Mais nous pouvons dès maintenant mettre l'accent sur le jeu des mécanismes plus généraux, lié à la fonction psychologique mise en cause. Si en effet, nous voulons donner de l'*attention* une définition en termes psychologiques, nous dirons qu'il s'agit là d'une « orientation subjective de l'observateur par laquelle celui-ci opère une sélection limitée par les stimulations actuelles d'une situation et dont l'influence est déterminante sur le type de réponse qu'il fournira éventuellement à celle-ci »[31]. Ce que nous constatons est que la structure sociale, de par le type de relation qu'elle suscite, est susceptible d'imposer une orientation précise à l'attention, et deviendra par le fait même un filtre à travers lequel les stimulations seront sélectionnées. Si un éthologiste, à propos d'une société de primates, est susceptible de poser l'hypothèse d'un accaparement de l'attention par des préoccupations agonistiques, il est vrai que le problème sera infiniment plus complexe pour ceux qui poursuivent une analyse dans le cadre des sociétés humaines. Néanmoins, le jeu de pareils mécanismes se déroulera également, avec cette différence que dans cette dernière éventualité, l'observateur sera lui-même sujet d'une société susceptible de présenter cette dimension hiérarchique ou agonistique, de telle sorte que son *attention* sera nécessairement influencée par la place qu'il occupe dans ce cadre. On ne peut imaginer à ce niveau, un observateur « neutre ». Prendre, comme le suggère Wilson[32], à l'égard de la société humaine la même attitude que celle prise par le chercheur à l'égard des sociétés animales est une attitude qui en elle-même constitue une prise de position idéologique.

Cette distance qu'il suggère, pour voir plus «haut», ne peut être, en réalité, qu'une *prise de distance*, c'est-à-dire une réflexion sur la valeur même des données que l'on recueille et des analyses que l'on fait en fonction de l'implication de la démarche scientifique dans le système sociétaire et dans les rapports de force qui s'y déroulent.

Cette dernière affirmation nous amène à reconnaître qu'au point de départ, nous mettons effectivement sur le même pied la manière dont l'homme de la rue perçoit le monde extérieur et se constitue à son propos une certaine image, et d'autre part le chercheur dont l'approche paraît être d'un tout autre ordre parce qu'elle est soumise à des exigences scientifiques précises. En réalité, le présupposé de départ que nous adoptons et qui est celui de nombreux auteurs, est qu'il n'existe pas de différence originaire entre le sens commun et les construits qu'il élabore et d'autre part les élaborations théoriques faites par les psychologues ou les chercheurs. De part et d'autre, nous avons affaire à des reconstructions commandées par cette nécessité vécue comme sécurisante de pouvoir maîtriser l'environnement. Ce qui différencie les théories de la manière dont opère l'homme de la rue, c'est qu'elles présentent un caractère systématique et qu'elles peuvent être formellement testées. Cette vérification systématique et critique des biais susceptibles d'avoir joué constitue dans notre cas l'essentiel de la démarche, mais il faut admettre qu'elle suppose des prises de décisions sur l'objectif que l'on cherche à poursuivre. En effet, l'acceptation tacite de certains biais peut fort bien s'inscrire dans une politique menée, dans la mesure où une telle acceptation paraît conduire dans le cadre de cette politique à une meilleure maîtrise du réel. Ces conclusions, qui découlent tout naturellement de ce qui a été dit dans ce paragraphe, anticipent sans doute sur les remarques conclusives de ce chapitre. Il importait néanmoins de les souligner dès l'abord, car ce qui sera présenté dans le prochain paragraphe ne nous paraît les modifier d'aucune manière.

D. De la société animale à la société humaine. La socio-biologie

Ce passage de la société animale à la société humaine pose problème dans la mesure où, jusqu'à une date récente, les relations entre éthologistes et anthropologistes se caractérisaient par l'opposition, comme si le souhait de chacun était de «posséder exclusivement la seule clé du comportement humain»[33] et de tout réinterpréter à partir de sa propre discipline, alors qu'effectivement, une telle attitude devient de plus en plus difficile à soutenir. Ceci ne veut pas dire que nous chercherions à adopter un syncrétisme qui risquerait de laisser en blanc certains problèmes essentiels. Néanmoins, lorsqu'on aborde les «rituels» humains (dans la mesure où ce terme peut être utilisé sans trop d'ambiguïté), la question qu'il importe effectivement de se poser pour y voir plus clair, est celle que rappelle Goffman: «d'où cela pourrait-il bien venir?»[34]. On voit fort bien que la réponse n'est pas simple, et que dans l'analyse qu'on pourrait en faire, il importerait de distinguer plusieurs éventualités dont certaines impliquent une rupture radicale d'avec les rituels animaux, alors que d'autres ne sont pas sans présenter à ce niveau des similitudes.

Mais ici encore, il importerait de préciser pour quelle raison nous abordons cette question. En quoi concerne-t-elle la démarche que nous poursuivons? Notre but essentiel reste de déterminer le type de regard que nous portons sur le réel afin de pouvoir dans la suite préciser le regard porté sur la délinquance et la déviance, c'est-à-dire sur des comportements définis comme transgressions et suscitant presque nécessairement une attitude critique. Cette manière de faire nous paraît être la meilleure méthode pour atteindre ce que nous pourrions appeler les infrastructures biologiques ou bio-psychologiques de la réaction sociale, en tant que cette dernière constitue aussi, ainsi que nous l'avons dit, une interprétation ou une manière de voir.

Les références à l'éthologie nous ont montré, à un premier niveau, qu'à travers le jeu des stimuli déclencheurs, la connaissance du réel apparaissait comme une construction faite à partir de quelques éléments signifiants pour la survie. Cette référence à l'éthologie est une manière de faire comprendre qu'au niveau de la connaissance, il y a un *déjà là* qui s'est organisé en fonction d'impératifs précis. Dans le prolongement de cette perspective, les modes de rattachement (De Greeff) sur lesquels nous avons insisté, nous situent plus directement dans la psychologie humaine à travers les mécanismes psychologiques qu'ils mettent en cause. D'autre part, à un deuxième niveau, nous pouvons dire que le regard porté sur le réel ne peut pas apparaître comme détaché ou dégagé du contexte que déjà nous pourrons considérer comme une «organisation sociale» dans des sociétés aussi primitives que celles des primates. Nous avons relevé comment cette fonction psychologique d'attention était à la fois prévalente et déterminée par la place occupée dans un rapport de force qui recouvrait toutes les relations, qu'elles soient axées sur la défense ou sur la sympathie. Nous nous trouvons là aussi devant un «déjà là» qui déterminera les phénomènes de connaissance et qu'il nous paraît impossible d'ignorer.

En posant la question du passage des sociétés animales aux sociétés humaines, nous posons plus largement le problème du sens, ou plus exactement, de la *perception du sens* qu'un comportement est susceptible d'avoir. Ou bien ce sens est *opaque*, c'est-à-dire donné à l'avance, et s'inscrit dans une visée biologique qu'il importerait de mieux connaître pour pouvoir intervenir dans sa gestion. Dans la logique que nous avons suivie jusqu'ici, nous nous heurterons à ce point-ci aux prises de position des socio-biologistes pour lesquels la société humaine s'inscrit directement dans les sociétés animales, même si, pour des raisons facilement localisables, elle a perdu cette cohérence (et cette perfection) qu'une gestion phylogénétique a pu atteindre dans les sociétés animales et plus particulièrement les sociétés d'insectes. Ou bien le passage à la société humaine introduit une indétermination des *sens* (pour reprendre l'expression de Sahlins qui nous paraît, dans ce domaine, avoir très bien introduit le débat)[35]. Cette indétermination repose sur l'importance primordiale accordée au *contexte* susceptible de donner à un même comportement des significations différentes qui dépendraient à la fois de la culture et de l'histoire individuelle, de sorte qu'il s'agirait dans chaque cas de rechercher un sens au-delà de ce qui pourrait être « déjà donné ».

Aussi, importerait-il de prendre position. L'affirmation qu'il nous paraît essentiel de poser dès l'abord est l'existence d'une rupture entre le monde animal et le monde humain dans la mesure où ce dernier se caractérise, au niveau des comportements comme des « faits sociaux », par une relative indétermination par rapport à des impératifs biologiques. Il y a nécessairement passage par le culturel, et possibilités d'inventions, à ce niveau, en fonction d'autres nécessités, de telle sorte qu'une explication de type bio-sociologique constituerait une véritable *occultation* des différents sens possibles.

Cette prise de position s'impose en criminologie, particulièrement exposée aux vogues actuelles de la sociobiologie, du fait que depuis Lombroso, une référence au monde animal a toujours constitué une certaine tentation. Ce sera d'autant plus vrai que dans les paragraphes précédents, nous nous sommes personnellement montré sensible aux analyses des éthologistes et que le passage de l'animal à l'homme est effectivement une question difficile et dangereuse.

A la lecture des sociobiologistes, deux éléments nous paraissent principalement se dégager: c'est d'une part la relative souplesse de leurs interprétations par rapport à celles de certains éthologistes qui, d'une manière bien souvent sommaire, interprètent les faits sociaux comme traductions directes de dispositions considérées comme innées (telles que l'agressivité, la sexualité, l'altruisme, etc.) ou de séquences ritualisées que l'on retrouve dans le monde animal. Et d'autre part, un deuxième élément, qui nous paraît découler du fait que leurs raisonnements s'élaborent à partir de ces données plus «abstraites» que sont les gènes, est l'importance des références économiques auxquelles leurs analyses nous habituent, la nature (c'est-à-dire la phylogénèse) apparaissant comme une extraordinaire calculatrice des coûts et bénéfices. Puisqu'en effet l'individu n'est rien d'autre que le réceptacle de gènes[36], la manière dont ces agents déterminants sont gérés (au cours de la phylogénèse) constitue l'explication de toute élaboration sociale et du comportement des individus à l'intérieur de ces élaborations. Dans une perspective néo-darwinienne, nous retrouvons le principe de base selon lequel il existe une «perpétuelle compétition parmi les êtres vivants en vue d'améliorer leurs gains»[37] et la sociobiologie ne serait rien d'autre qu'une «théorie des stratégies comportementales optimales»[38] ou ce que nous venons d'appeler une théorie de la meilleure gestion possible des gènes[39]. Mais il semble bien que lorsque nous parlons de «stratégies comportementales», l'instance concernée soit non l'individu mais l'espèce qui, à travers les sélections et les mutations se constituant au cours de la phylogénèse, en arrive à élaborer un équilibre sociétaire efficace dans un milieu donné.

Dans l'élaboration de ces équilibres sociétaires, l'enjeu principal paraît se situer autour des fonctions agressives et altruistes qui, l'une et l'autre, reposent sur le patrimoine génétique. Dans les sociétés d'insectes, l'équilibre entre ces deux fonctions, la manière dont à partir de là une division des tâches (et des caractéristiques individuelles) s'est organisée, paraissent répondre aux besoins de l'espèce d'une manière optimale, de telle sorte que l'analyse systématique de ces sociétés représentera l'effort le plus important des sociobiologistes[40]. Pour l'homme, les diverses élaborations culturelles constitueraient des essais de gestion du même genre, avec ce que Wilson appelle une extraordinaire hypertrophie des systèmes d'information (le langage étant considéré comme un de ces systèmes) rendue possible par le développement cortical. On pourrait néanmoins dire que cette traduction culturelle d'un équilibre phylogénétique n'apparaît comme stable et adéquate que dans des sociétés relativement fermées où l'équilibre entre les gènes altruistes (tributaires des liens de parenté) et les gènes égoïstes ou agressifs n'est pas perturbé par trop d'apports extérieurs. On conserve en effet l'impression, en lisant Wilson, que les élaborations sociétaires lui paraissent fragiles du fait de la grande porosité qui caractérise les groupes humains et des brassages de population qui en résultent, de telle sorte que sa définition de la culture, dépouillée de toute référence à des faits sociaux qui pourraient avoir en eux-mêmes leur réalité et leur logique, se révèle extrêmement sommaire: la culture serait, pour lui, «le produit statistique des réponses comportementales individuelles d'un grand nombre d'êtres humains qui se débrouillent du mieux qu'ils peuvent pour vivre en société»[41]. Ce qui s'imposerait, dès lors, face à cette gestion des gènes devenue incohérente, est la mise au point d'une meilleure politique basée sur une connaissance plus approfondie de la génétique qui, dans le domaine humain, est, faut-il l'avouer, particulièrement complexe.

Il nous paraît important de voir, à ce niveau, le type de problème et le type de choix que les socio-biologistes nous imposent. On doit admettre dès le départ, disent-ils, que tout comportement est directement ou indirectement lié à une composante génétique. Dans une politique de gestion et en opérant par voie de sélection, il ne serait cependant pas facile d'éliminer tel comportement considéré par le groupe social comme indésirable, parce que les gènes qui le commandent sont susceptibles d'être couplés d'une manière indissociable avec d'autres gènes déterminant des comportements qui sont au contraire utiles, de sorte que l'élimination de l'un entraînerait l'élimination de l'autre. Il en est ainsi de «la coopération avec les compagnons» qui constitue un comportement de solidarité, de type altruiste, mais qui forme une paire avec des comportements indésirables tels que «l'agressivité à l'égard des étrangers»; de même, «le désir de dominer ou de posséder» irait de pair avec «la créativité», de telle sorte que dans ces cas, la modification du comportement qui constituerait un «gain» pour la société entraînerait la perte d'un comportement utile, cette perte étant en quelque sorte le résultat pervers, non voulu, d'une politique qui en elle-même paraissait justifiée. Ce qu'on pourrait appeler la gestion des gènes serait donc la prise en considération de cette balance perte-profit liée aux conséquences sociales de comportements liés à la nature humaine, mais qui seraient modifiables dans certaines limites et selon certaines règles par un processus sélectif.

Les élaborations faites par certains socio-biologistes paraissent parfois relever d'une science-fiction inquiétante. On doit cependant remarquer que la manière dont la plupart qualifient le caractère biologiquement utile des comportements est plus souple et plus complexe que ce à quoi on aurait pu s'attendre. Ce fait résulte principalement de ce qu'ils distinguent valeur adaptative à court terme et valeur adaptative à long terme. Pour la survie de toute espèce, à long terme, il doit être tenu compte des modifications de milieu susceptibles de se produire et qui exigent, au niveau des adaptations nécessaires, des qualités non utiles ou même jugées négatives dans la situation présente.

La diversité des caractéristiques devient dès lors un élément essentiel qui répond au caractère relatif qu'un comportement adapté est susceptible d'avoir en fonction des exigences du milieu. Ainsi, selon Wilson, l'homosexualité est apparue comme un danger contre nature dans une population de pasteurs mettant l'accent sur l'importance de la procréation. Mais elle a dû rapidement apparaître dans des populations de chasseurs collecteurs comme un facteur favorable à l'organisation sociale (développement des pratiques médicales, des activités culturelles, etc.) de telle sorte que « la prédisposition à l'homosexualité » pouvant avoir une base génétique, les gènes ont pu se répandre dans les premières sociétés de chasseurs collecteurs par suite de l'avantage qu'ils confèrent à ceux qui les portent »[42]; il en résulte qu'au point de vue biologique, l'homosexualité apparaît comme aussi normale que l'hétérosexualité et presque aussi nécessaire.

Nous retrouvons le même raisonnement à propos de syndromes pathologiques chez un auteur qui a cherché à appliquer l'analyse des socio-biologistes à la psychiatrie[43]. Ici encore, lorsqu'on parle de personnalités schizoïdes, paranoïaques, ou psychopathiques, nous avons affaire à des comportements qui sans doute détonnent par rapport aux exigences habituelles du milieu, mais qui ont été indispensables dans le passé et peuvent le redevenir. De telle sorte que le maintien d'une « réserve » de sujets porteurs (et transmetteurs) de ces caractéristiques utiles pour la survie du groupe (et dès lors, périodiquement valorisés) apparaît comme une nécessité.

« Les gènes prédisposant à la schizophrénie, lorsqu'ils sont en quantité insuffisante pour induire la psychose, peuvent tout de même engendrer des prédispositions à développer et à apprendre très vite des attitudes distantes et méfiantes qui se révèlent utiles dans des conditions de guerre, d'agression, et de terreur. Les avantages sélectifs retirés par ces sujets non schizophrènes, mais porteurs de gènes, expliqueraient le maintien du génotype schizophrénique à travers l'histoire de l'espèce »[44].

Et de même pour le psychopathe dont la fonction sociale dépend des conditions de milieu. Plus celles-ci sont perturbées et plus un tel sujet se révèle adapté et même utile. « En temps de paix, on les enferme; en temps de guerre, on compte sur eux et on les couvre de décorations »[45].

De telles remarques ne sont sans doute pas nouvelles[46] et montrent que, dans l'appréciation des qualités, une caractéristique est susceptible de prendre de l'importance selon le point de vue adopté qui, lui-même, sera déterminé par la situation que connaît le groupe ou ceux qui le gèrent. Bien souvent, néanmoins, ce relativisme était attribué aux impératifs sociaux. L'interprétation, cette fois, nous réfère aux données génétiques en tant que celles-ci subissent des fluctuations sélectives qui, au niveau du groupe et selon les circonstances, favorisent telle ou telle caractéristique qui constituera pour le groupe un gain et fera de ceux qui les possèdent des privilégiés. On comprend donc la nécessité qu'il y a pour le groupe de maintenir une certaine diversité dans son patrimoine héréditaire afin de pouvoir répondre aux divers défis susceptibles de survenir.

Dès lors, nonobstant les critiques que l'on pourrait faire à cette manière de poser le problème et aux données sur lesquelles les sociobiologistes s'appuient, il est certain qu'une distance considérable est prise par rapport à ce qu'étaient les « vues » de la nature imaginées à partir de ses finalités directement perceptibles et en fonction desquelles il paraissait possible de fonder une morale naturelle (c'est-à-dire répondant aux exigences de la « nature »). Le terme de « normalité » biologique n'a plus qu'un sens discutable (ou si l'on veut, susceptible d'être discuté), car au-delà du court terme, il importe de voir ce qu'exige ou ce qu'implique le long terme; c'est donc dire que la grille de lecture, axée sur les exigences de la « nature » et l'interprétation qui en découle, des divers comportements devient floue et permet, dans le cadre d'une politique, des choix dans lesquels les coûts et bénéfices seront définis d'une manière relativement arbitraire.

Quoi qu'il en soit, notre principale critique (et nous retrouvons ici les commentaires de Sahlins)[47] reste que cette biologisation du comportement et des diverses significations qu'il est susceptible de prendre s'inscrit dans une gestion des risques d'une nouvelle forme, mais dans laquelle un certain nombre de réalités essentielles se trouvent occultées. La sociobiologie en effet, élimine une succession de significations possibles qu'un comportement ou qu'un fait social peut prendre et justement celles qui nous paraissent proprement humaines, c'est-à-dire celles qui impliquent une certaine création par rapport et parfois en opposition avec le biologique. C'est que la sociobiologie (comme d'ailleurs l'éthologie) nous situe seulement au niveau du *signal*, c'est-à-dire qu'un comportement, une mimique, une parole apparaissent essentiellement comme porteurs d'une information à partir de laquelle une réaction pourra s'ordonner. Le registre en fonction duquel le signal se comprend est relativement limité, quoiqu'il permette déjà une certaine complexité dans les inter-relations, avec, comme nous l'avons vu, la conséquence que celles-ci peuvent être sous-tendues par un implicite, ou constituer un langage allusif. Par contre, lorsqu'il s'agit de l'homme, nous avons plus précisément affaire à des *signes*, ou à des manifestations dont la signification est complexe dans la mesure où elle nous réfère à un arbitraire à l'intérieur duquel une création sociale (ou individuelle) est possible. Ce sera donc à partir du contexte que le signe prend sens et doit se comprendre, et celui-ci est susceptible de varier considérablement selon l'histoire sociale ou individuelle, selon le type de projet conscient ou inconscient dans lequel il s'insère; c'est-à-dire qu'un signe est toujours dans une certaine mesure problématique. C'est une telle dimension que, malgré leurs apports, l'éthologie ou la sociobiologie pourraient occulter, et la constatation faite par Sahlins nous paraît être particulièrement pertinente : « Pour évaluer une théorie, il faudrait tenir compte de l'ignorance qu'elle impose autant que de la connaissance qu'elle propose »[48].

Il importerait de voir plus concrètement cette occultation qu'une référence trop facile à l'éthologie ou à la sociobiologie risquerait de produire. Prenons comme exemple l'agressivité que nous pourrions considérer comme pulsion innée pour en faire un principe explicatif susceptible de réduire à une même signification un ensemble de comportements apparemment du même ordre, mais dont la portée est totalement différente. Ainsi, pour reprendre, en les modifiant quelque peu, les exemples donnés par Sahlins[49], il serait possible d'envisager sous la même optique la guerre européenne de 1940-44, les luttes tribales des Australiens que l'on appelait primitifs, et le massacre des tribus indiennes dans les régions amazoniennes avec l'approbation tacite des autorités. Mais envisagée ainsi, cette référence à un fond agressif ancré dans la nature même de l'homme n'éclaire plus rien, et il est évident qu'une explication ne prendra sens que dans la mesure où elle situera chacune de ces « guerres » dans son contexte ou dans le projet socio-politique spécifique. Il importera, en d'autres termes, de dégager la logique propre dans laquelle ces comportements agressifs prennent place et une telle étude implique que l'on envisage la situation dans son ensemble.

De la même manière, en voyant une population d'hommes partir fièrement à la guerre, on pourrait parler de l'« enthousiasme viril » qui affecte les membres d'un groupe attaqué et prêt à se défendre, en situant cette attitude dans la ligne des postures agressives de défense que manifestent les membres d'espèces animales décrites par Lorenz[50]. Mais y faire référence pour expliquer l'acceptation « joyeuse » d'un départ à la guerre de la grosse majorité des citoyens constitue également un schéma abstrait qui occulte les comportements réels pour ne plus le situer qu'au niveau de la propagande[51]. Une enquête faite sur le terrain permettrait en effet de reconnaître que, pour la majorité, les raisons de participer à la guerre sont de l'ordre d'une obligation pénible, d'un devoir, d'une attitude d'acceptation ambivalente, c'est-à-dire que nous nous trouvons devant une gamme fort étendue de réactions. Celles-ci ne sont d'ailleurs pas alétatoires : le père de famille mobilisé, qui sait fort bien que d'autres pères de famille ne le sont pas ne vivra pas ce départ de la même manière qu'un groupe de jeunes qui partent comme s'il s'agissait d'une aventure. Un sujet vivant dans un pays expansionniste qui depuis plusieurs années mobilise l'état d'esprit de l'opinion en vue d'une invasion considérée comme légitime ne réagira pas de la même manière que le citoyen d'un pays pacifiste.

Autre exemple : cette fameuse réaction de déférence qui paraît être le trait commun à toute société hiérarchisée et qui amène le dominé à céder la place au dominant ou à se retirer devant lui, devient également dans le monde humain une réaction dont le sens est ambigu, ou susceptible d'un grand nombre d'explications. Goffman fait remarquer que donner la préséance à quelqu'un pour franchir un seuil peut effectivement être la marque d'une infériorité de rang dans le statut que l'on occupe ; mais c'est également un geste d'accueil que l'on a pour un hôte, un geste de condescendance que l'on manifeste à l'égard d'un jeune ou même à l'égard de quelqu'un dont le statut est particulièrement inférieur, ou encore un geste d'attention et de déférence à l'égard d'une personne âgée ou d'un infirme[52].

C'est donc dire qu'une très grande diversité de sens est susceptible de s'accrocher à ce comportement et que cela n'est possible que parce que le signe qu'il constitue présente, ou a acquis, un caractère arbitraire susceptible de lui donner cette polyvalence.

Comme le fait également remarquer Sahlins[53], on pourrait d'ailleurs reprendre le même problème sous un autre angle et montrer que quelqu'un qui voudrait manifester son agressivité à l'égard d'une autre personne pourrait le faire selon une gamme de comportements très étendue, pouvant aller des simples coups de poing au fait de combler cette personne d'honneur pour la mettre ainsi dans une situation difficile ou éventuellement, pour mieux pouvoir la contrôler. Il en sera de même dans les manières de manifester son attachement ou son affection.

Ce qu'il importerait de noter, en plus de cet arbitraire du signe et comme lui étant d'ailleurs lié, est la pluralité des logiques à partir desquelles un comportement (ou une mimique, ou une parole) devient signifiant. Qu'il s'agisse de logiques individuelles ou de logiques sociales, il nous importe de montrer que contrairement à ce que pensent les socio-biologistes, les faits sociaux ont leur dynamique. Celle-ci nous paraît déjà ressortir des quelques exemples que nous venons de donner. Reprenons le comportement du citoyen face à la nécessité de défendre son pays en temps de guerre. On y voit clairement qu'un fait social comme la guerre, et la manière dont elle est vécue, dépend d'autres phénomènes sociaux comme le fait de participer à un groupe familial ou non, d'être citoyen d'un pays pacifiste ou belliqueux, etc., et que contrairement à ce qu'affirme Wilson, il existe dès lors une certaine logique qui relie et fait dépendre les faits sociaux les uns des autres; il n'est pas possible de réduire ceux-ci à une addition de comportements individuels. Ceux-ci, en grande partie, prennent sens à partir de ce terreau social dans lequel ils ont pris racine. C'est ce type de compréhension qu'il nous paraît essentiel d'avoir face au comportement humain, envisagé au niveau sociétaire comme au niveau individuel; la sociobiologie, malgré ses apports, le méconnaît et tend à l'éliminer.

E. Ambiguïté des rituels humains. Nature et culture

Nous en revenons néanmoins à la question posée par Goffman à propos des rituels: «D'où cela vient-il?» La réponse à cette question ne peut être que nuancée. Et d'ailleurs, le terme même de «rituel» prête à confusion lorsque l'on quitte le terrain de l'éthologie qui a repris un mot du vocabulaire français en lui donnant une signification très spécifique.

Dans le langage courant, le terme de rituel nous réfère à des cérémonies réglées dont les faits et gestes présentent une signification symbolique et dont la portée est bien souvent celle de préserver un mode de relation sécurisant avec le monde, ou encore de permettre d'avoir une certaine maîtrise sur le réel, là où l'expérience fondamentale est celle du danger ou de l'impuissance. Aussi est-il fallacieux de rapprocher les rituels animaux des cérémonies ritualisées qui ont cours dans les peuplades dites primitives. Comme le souligne Turner[54], le caractère stéréotypé des rituels résulte essentiellement de l'application de règles de procédures qui ont été transmises et trouvent leur origine dans un lointain passé. Elles visent à traduire, dans un langage symbolique et à partir de cette expérience qui s'est constituée, des informations nécessaires à la survie, et ce, dans les différents secteurs où cette survie pourrait être mise en cause, de sorte qu'il s'agit effectivement d'une technique impliquant des opérations mentales par lesquelles l'homme cherche à prendre distance vis-à-vis d'un vécu envahissant et d'avoir sur le monde une certaine prise[55].

Les parades animales, au contraire, dont le caractère stéréotypé peut sans doute être impressionnant, ne constituent pas autre chose qu'un système de signalisation (d'ailleurs fort subtil) à partir duquel des échanges sont susceptibles de s'ordonner. Elles n'impliquent en aucune manière, pour le groupe ou pour l'individu, une possibilité de transposer un vécu sur un autre mode où son caractère absorbant et paralysant pourrait être évacué ou dépassé. C'est à ce niveau, nous semble-t-il, que réside la différence essentielle et l'apport spécifique que présentent les cérémoniaux humains.

On pourrait dire que dans le secteur qui nous intéresse, l'activité par laquelle la justice s'exerce constitue également un cérémonial, au sens où nous l'avons entendu. Elle le sera particulièrement pour les affaires graves, là où émotionnellement, le trouble occasionné n'est plus maîtrisable d'une manière rationnelle et implique l'adoption d'un rituel qui sera bien souvent celui du bouc émissaire. Les études faites par M. Colin et son équipe dès 1963, par Shoham et dans la suite, d'une manière plus large, par R. Girard situent très précisément le problème à ce niveau[56]. La justice remplit de cette manière une fonction qu'il serait trop complexe d'analyser ici, mais qui constitue également une manière symbolique de résoudre une tension et d'évacuer les éléments qui la constituent en la localisant sur un individu qui en devient en quelque sorte la manifestation concrète. La manière dont joue cette fonction va par le fait même interférer avec la perception que l'on aura des divers protagonistes du procès, le rôle que ceux-ci seront amenés à prendre et les identités qu'ils devront assumer.

Cette première voie dans laquelle, chez l'homme, la notion de rituel ou de cérémonial prend place n'empêche pas que celle-ci ne nous situe également dans des activités ritualisées qui se rapprochent des rituels animaux, et où l'essentiel réside dans des informations, préalablement codifiées, transmises dans le cadre des inter-relations humaines en vue d'y introduire une certaine régulation.

C'est ici qu'il importerait de souligner l'ambiguïté du passage du rituel animal au rituel humain, tout particulièrement lorsque dans la société, la dimension agonistique domine. Dans un premier temps, qui nous paraît être essentiel dans la constitution même de la société humaine, nous pourrions supposer une rupture d'avec la logique à partir de laquelle les rituels animaux se sont organisés; ou plus exactement, un déplacement de cette logique par l'adoption d'autres règles qui donneront aux comportements d'autres significations et permettront comme nouvelle possibilité de régulation des activités humaines, l'inclusion de la *loi* en tant que celle-ci repose sur la reconnaissance d'un chacun et de ses droits. Mais dans un deuxième temps, ou dans un deuxième mouvement, nous pourrions voir réapparaître la première forme de rituels (caractéristique du monde animal) et qui réapparaîtrait en empruntant éventuellement des voies culturelles et cela, parce qu'elle continue à présenter une certaine efficacité ou à procurer certains avantages.

Si en effet, nous prenons comme point de départ une société animale hiérarchisée, nous dirons qu'il existe une certaine manière d'accéder aux biens disponibles et de les utiliser axée essentiellement sur la règle du plus fort. Il se peut très bien que chez l'homme, à la suite d'une tradition qui s'est constituée à partir d'un consensus, et dont il est difficile de déterminer les origines, d'autres règles d'accès aux biens se soient imposées comme plus adéquates et plus justes, c'est-à-dire des règles impliquant une égalité des droits entre citoyens[57] et l'affirmation de ce que la loi se situe au-delà de l'arbitraire du despote (c'est-à-dire de celui qui occupe la place dominante), de telle sorte que l'ensemble des membres (dominants et dominés) puissent se définir comme des sujets de droit placés en situation d'égalité devant une loi commune pour tous[58].

Lorsque nous parlons à ce propos de la loi, il ne s'agit pas seulement d'entendre ce terme dans sa signification technique, mais d'inclure également les manières de faire, au niveau des inter-relations, qui s'inscrivent directement dans ce qu'on pourrait appeler l'esprit de la loi et font de celle-ci une réalité dans la vie quotidienne à travers les rituels qui s'y constituent tout naturellement pour résoudre les conflits ou pour les prévenir. Nous retrouvons ici les analyses remarquables de Goffman[59] sur les rituels de la vie quotidienne, mais en insistant sur la nécessité d'établir une ligne de démarcation (aussi fragile soit-elle) entre ce qui paraît être de l'ordre spécifiquement humain (c'est-à-dire se situant dans l'esprit d'une loi égale pour tous) et d'autre part, quoique pouvant être le fait de l'homme, ce qui se situe au niveau des rituels animaux (et ce, même si les signes utilisés font référence à un système symbolique).

Nous pourrions prendre un exemple pour en tirer quelques conclusions qui sont d'ailleurs en partie redevables aux analyses faites par Goffman. Ainsi, imaginons la situation de celui qui veut s'installer à la terrasse d'un café, qui commence par chercher une table libre, et à partir du moment où il l'a trouvée, acquiert le droit de l'occuper et d'y rester. S'il doit éventuellement s'absenter durant quelques minutes, il peut « marquer » son territoire en y laissant intentionnellement son manteau ou son journal, et les règles du jeu veulent qu'à son retour, il ait l'occasion de réoccuper les lieux.

Si, par inadvertance, sa place a été occupée par une autre personne, un ensemble de mimiques et de gestes à travers lesquels s'expriment les sentiments prévisibles des deux partenaires suffit à solutionner cette difficulté : étonnement plus ou moins réprobateur de la personne dont le droit n'a pas été reconnu, attitude témoignant le fait d'une mauvaise interprétation de la situation ainsi que manifestation de bonne volonté de la part de celui qui a empiété sur le droit de l'autre, par l'adoption d'une manœuvre de retraite. Il se peut fort bien qu'aucune parole n'ait été prononcée, mais l'ensemble des mimiques (le rituel qui s'est déroulé) montre bien que l'un et l'autre sont conscients des conventions qui règlent ce genre de malentendu et qu'ils sont prêts à les respecter.

La situation aurait pu être toute différente si le nouvel occupant avait été un homme physiquement puissant et prêt à faire valoir sa force pour occuper les lieux. Nous aurions eu, dans ce cas, une attitude d'intimidation, et éventuellement, de la part de la personne qui ne retrouve plus sa place, un processus d'évitement (c'est-à-dire que nous nous retrouverions dans le cadre des rituels animaux axés sur la hiérarchie). Ou encore, la puissance du nouvel occupant aurait pu se manifester par des signes symboliques témoignant de son haut rang et dans ce cas également, nous aurions eu une attitude de déférence et de retrait face à cette utilisation de son statut, éventuellement donné par la loi, comme moyen pour imposer *sa* loi.

Quelles conclusions pourrions-nous tirer de cet exemple ? Si, dans le premier cas, l'intrus se retire, ce n'est nullement par peur, mais bien parce qu'il reconnaît cette règle qu'a le premier occupant de la table d'y rester le temps de boire son verre et même de s'absenter durant quelques minutes, et qu'un tel respect constitue un élément essentiel pour que la vie sociale soit possible dans ce champ limité qu'est la terrasse d'un café. L'admettre suppose que nous soyons capables d'opérer une abstraction : autrui est considéré comme un être ayant des droits définis par les règles du jeu, quels que soient son âge, son sexe, sa force physique, etc... Cela signifie également que cette règle a un sens pour le sujet ; et en réalité, elle ne peut avoir ce sens que dans la mesure où il est susceptible d'en vivre la réciprocité. C'est alors qu'il se percevra comme égal à l'autre et en même temps comme différent de lui. Cette dialectique vécue de l'identique et du différent nous paraît ici essentielle.

D'autre part, on peut dire que, dans le cadre d'une relation hiérarchique, ce qui paraît être un rituel animal est toujours susceptible de réapparaître, de sorte que cette barrière que nous situons entre l'animal et l'homme reste extrêmement fragile[60]. En d'autres termes, une logique axée sur la force est toujours susceptible de s'imposer, et même de le faire à travers la loi, ou grâce à la possession de ce pouvoir conventionnellement accordé qu'est le statut social. C'est qu'en effet, parler en termes de statut, c'est également parler en termes de pouvoir; et parler en termes de pouvoir, c'est nécessairement poser l'éventualité d'une corruption du pouvoir, ou de l'accaparement d'un pouvoir plus grand. On pourrait dire, en fin de compte, que la hiérarchie animale qui consacre un rapport de force tend à se retranscrire dans une hiérarchie des statuts, et qu'à travers un rapport de droit peut facilement se maintenir ou réapparaître un rapport de force. Il y a, dans le passage de la nature à la loi, du rituel animal au rituel humain, une profonde ambiguïté liée au fait que la règle (ou que la loi), dans la mesure où elle repose sur la réciprocité, n'est jamais *donnée*, mais doit toujours faire l'objet d'une création, ou être le résultat d'une reprise de distance par rapport à soi, par rapport aux rôles que l'on joue ou aux identifications dans lesquelles on se laisse glisser.

Nous n'avons pas à prolonger cette discussion qui, d'une manière déjà suffisamment claire, nous indique qu'à côté du cérémonial dans lequel les activités de justice prennent place et où le délinquant apparaît comme *objet* permettant une prise de distance du groupe (ou de certains éléments constitutifs du groupe) à l'égard de son propre vécu et de ses propres tensions, nous avons, à un niveau plus large de la vie sociale, un ensemble de rituels qu'il importe, nous semble-t-il, d'envisager par rapport ou dans le prolongement des rituels animaux. Comme nous l'avons vu (d'une manière extrêmement sommaire, il faut bien le reconnaître), l'ensemble de ce que nous pouvons appeler les rituels humains est susceptible de participer à la même logique que celle des rituels animaux, mais peut également traduire une rupture d'avec le type d'inter-relations que cette logique implique, principalement là où un certain nombre de valeurs apparaissent comme fondamentales (par exemple, la reconnaissance de l'autre et de ses droits) et introduisent de ce fait la notion de loi qui, pour qu'elle ait un sens, suppose, de la part d'un chacun, une prise de distance cette fois à l'égard de ce qui est vécu comme ses propres droits par rapport à ce qui apparaît comme le droit des autres. Une telle réalité est susceptible d'imprégner la vie sociale. Mais il faut reconnaître que dans une société dont la dimension essentielle est agonistique, les rapports de force ou de dépendance restent la toile de fond sur laquelle un tel dépassement s'opère, de telle sorte qu'il ne peut qu'être instable, ou risque en permanence d'être repris ou récupéré. Un tel fait ne veut pas dire que cette réapparition de la logique des rituels animaux liés à la dimension agonistique constituerait une réactivation, chez l'homme, d'un fond rebelle à toute limitation ou un fond d'animalité, lorsqu'il a la force pour lui. Nous pourrions dire tout autant (et Goffman fait à ce point de vue d'excellentes remarques à partir de la situation de dépendance entre les sexes) que les rituels animaux apparaissent comme des modèles auxquels l'homme (et la femme) s'identifient, et auxquels d'ailleurs, il peut être extrêmement gratifiant de pouvoir s'identifier. C'est-à-dire que nous nous retrouvons devant une complexité psychologique mettant en cause le biologique et le culturel, parce qu'en effet le biologique peut fort bien devenir culturel. Lorsqu'il s'agit de comportement humain, il nous paraît essentiel de sauvegarder cette complexité.

F. Conclusions: la connaissance, filtrage des informations utiles?

On pourrait en guise de conclusions se demander quel est l'apport de ce chapitre dans le domaine de la connaissance, ainsi que son utilité ultérieure, et de le faire en termes extrêmement succincts.

a) Nous dirons que la connaissance du réel apparaît dès l'abord comme le résultat d'un filtrage d'informations, qui s'opère, en quelque sorte, au profit des informations nécessaires à la survie. Le réel est donc vu selon une certaine perspective, et ce fait permet de comprendre qu'une nouvelle connaissance ne s'acquiert que par rapport à (ou contre) une connaissance qui était là antérieurement. Aucune donnée, dès lors, ne peut être considérée comme immédiate ou non problématique.

b) La manière de voir de l'homme de la rue (nous ne donnons d'aucune manière un sens péjoratif à ce terme) n'est pas différente de celle du psychologue ou de l'homme de science. Les biais, les filtrages susceptibles de jouer valent pour l'un comme pour l'autre. De telle sorte que, dans notre domaine, les mécanismes à partir desquels les interpétations se constituent (modes de rattachement axés sur la défense, attention prenant place dans une relation de type agonistique), déterminent la manière de voir des uns comme des autres. Il est évident que l'homme de la rue peut vivre, en relation avec ces modes de connaissance, une évolution propre et prendre ses distances par rapport aux biais qui déforment ses vues après avoir fait l'expérience de telles déformations. Ce mouvement de prise de distance est ou devrait être le propre de l'attitude scientifique, ce qui n'a pas pour conséquence d'aboutir à une déconstruction systématique de l'objet, mais a une réévaluation de celui-ci en fonction de l'intégration d'autres perspectives.

c) Il est possible que dans certains secteurs, un tel mouvement de réévaluation se heurte à une limite qui sera celle de la sauvegarde du sujet, du groupe ou de la société telle qu'elle existe et telle qu'elle se reproduit. En d'autres termes, dans ce cas, l'état de la science ne pourra aller au-delà d'un niveau de clarification et d'utilité qu'il importe pour le groupe de ne pas modifier, ou de ne pas troubler, de sorte que, malgré le caractère limitatif ou réducteur du point de vue adopté, ce point de vue reste celui qui s'impose. Et il n'est donc pas impossible que pour n'importe quel type de société, une prise en considération d'éléments qui obligerait à faire une réévaluation des connaissances existantes ne se heurte à un seuil non franchissable. L'existence de ce seuil n'est pas seulement dépendante des moyens techniques dont on dispose, mais de l'organisation sociale elle-même et des exigences qui paraissent liées à son maintien. Le lien entre question sociale et connaissance est dès lors un lien ambigu à l'intérieur duquel se révéleront nécessairement des enjeux politiques. A certains moments, une connaissance plus développée peut fort bien apparaître comme peu efficace, peu nécessaire et même dangereuse.

d) Cela ne signifie nullement qu'au niveau utilitaire où la connaissance est susceptible de se maintenir, les informations recueillies soient démunies de valeur. Si nous reprenons l'exemple de la tique, il est évident que son repérage de l'acide butyrique se fait d'une manière très exacte et que la «proie» qui déclenche sa réaction est effectivement porteuse de cet acide. Le seul problème est que son horizon du réel se trouve très réduit ou se limite à cette sensibilité particulière manifestée à l'égard de cette substance indispensable pour que le comportement alimentaire puisse se déclencher.

Toutes les opérations de repérage (ou de filtrage) sont également susceptibles d'atteindre la réalité à partir de certains aspects particuliers qui seront les aspects utiles à partir desquels le réel est reconstruit. Mais on pourra remarquer que ces repérages deviendront effectivement déformants dans la mesure où jouent des mécanismes psychologiques qui isolent les aspects signifiants des autres; de tels aspects, au niveau d'une compréhension plus générale, risquent de perdre tout sens dans la mesure où ils ne sont pas liés à ces autres.

e) Finalement, le psychologue ou le chercheur participent à un groupe social susceptible de les utiliser dans un cadre précis où joueront des pressions de tout genre. Il faut admettre qu'il est inscrit dans l'ordre des choses qu'il en soit ainsi. Mais il importe également de savoir que les résultats porteront nécessairement la marque de cette situation et des pressions qui s'y déroulent.

NOTES

[1] Popper, K., *La connaissance objective*, Bruxelles, Edit. Complexe 1978, p. 82.
[2] De nombreux éthologues préfèrent, au terme d'instinct, celui plus souple, d'adaptation phylogénétique (v. Eibl-Eibesfeldt, I., *L'homme programmé*, Paris, Flammarion, 1976, pp. 14 et ss.).
[3] Les vues d'E. De Greeff ne sont nullement étrangères à ces perspectives épistémologiques. Rappelons qu'en 1951, son article intitulé: Les modes de rattachements instinctifs, fonctions incorruptibles, lui avait été demandé par la revue internationale de philosophie de la connaissance *Dialectica* qui comprenait Bachelard dans son comité directeur et Popper dans ses cinq correspondants de la rédaction.
[4] Popper, K., *op. cit.*, p. 45.
[5] von Uexküll, J.V., *Mondes animaux et monde humain*, Paris, Edit. Gonthier, 1956, 16-26.
[6] *Op. cit.* (5), p. 24.
[7] Popper, K., *op. cit.* (1), p. 83.
[8] A ce niveau, l'étude de Lorenz la plus intéressante et la plus significative reste: Le compagnon dans l'environnement propre de l'oiseau. Le congénère comme élément décisif du déclenchement des comportements sociaux (1935), dans: Lorenz, K., *Essais sur le comportement animal et humain*, Paris, Edit. du Seuil, 1970.
[9] von Uexküll, *op. cit.* (5), p. 22.
[10] Richelle, M., *B.F. Skinner ou le péril behavioriste*, Bruxelles, Edit. Mardaga.
[11] Ruyer, R., Les conceptions nouvelles de l'instinct, *Les temps modernes*, Paris, nov. 1953.
[12] Karli, P., Neuropsychologie des motivations, *Revue de Psychologie et des Sciences de l'Education*, Univ. de Louvain, 1970, vol. 5, n° 4, pp. 395-426.
[13] Dans un langage imagé, Eibl-Ebesfeld dira que l'animal n'est pas comme une «machine à sous», mais recherchera d'une manière active rivaux, partenaires sexuels, etc. C'est à ce niveau de la réalisation des «tendances», des apprentissages qui pourront s'y dérouler (et qui seraient, en quelque sorte, préprogrammés) que l'on pourra parler d'homéostasie (v. Les universaux du comportement et leur genèse, dans l'*Unité de l'Homme*, Paris, Edit. Seuil, 1974, pp. 233-234).

[14] Lorenz, K., *L'agression, une histoire naturelle du mal*, Paris, Flammarion, 1969, (édit. orig. 1963), p. 314.
[15] Wilson, E.O., a) *Sociobiology. The new synthesis*, Cambridge (Massach.) & London, The Belknap Press of Harv. Univ. Press, 1975; b) *L'humaine nature, essai de socio-biologie*, Paris, Stock, 1979, (édit. orig. 1978), pp. 155 et ss.
[16] *Op. cit.* (2), pp. 67 et ss.
[17] Nous retiendrons principalement : a) *Les instincts de défense et de sympathie*, Paris, P.U.F., 1947, p. 235; b) Les modes de rattachements instinctifs, fonctions incorruptibles, *Dialectica*, vol. V, n°s 3-4, pp. 376-392; c) Les fonctions incorruptibles dans les drames de Maeterlinck, dans *Autour de l'œuvre du Dr E. De Greeff*, Louvain-Paris, Edit. Nauwelaerts, 1956, Tome 2, pp. 83-113.
[18] Tinbergen le reconnaît d'ailleurs explicitement lorsqu'il affirme que l'étude éthologique de l'homme n'a pas encore beaucoup progressé (Tinbergen, N., *L'étude de l'instinct*, Paris, Payot, 1953, p. 286). Il faut admettre que les livres de Desmond Morris (Le *Zoo humain*, qui a suivi le *Singe nu* et a précédé une succession d'autres livres de poche, Grasset) ne nous amèneront pas à changer d'avis. Par contre, depuis lors, l'observation éthologique portant sur les jeunes enfants s'est développée d'une manière particulièrement rigoureuse et féconde (Edited by Blurton Jones, N., *Ethological studies of child behavior*, London, Cambridge at the Univ. Press, 1972).
[19] *Op. cit.* (17, a), pp. 71 et ss.
[20] De Greeff, E., *Introduction à la criminologie*, Paris, P.U.F., 1946, pp. 258 et ss.
[21] Berkowitz, L., *Aggression, a social psychological analysis*, New York, Mc Graw-Hill Book Cie, 1962, p. 42. V. pour une vue plus générale : Debuyst, Ch., Etiologie de la violence, dans *La violence dans la société*, Strasbourg, Conseil de l'Europe, 10e conférence des directeurs d'institut de recherches en criminologie, 1973, pp. 165-236.
[22] Debuyst, C., *op. cit.* (21), pp. 187 et ss.
[23] Leyens, J.P., *Psychologie sociale*, Bruxelles, P. Mardaga Edit., 1979, pp. 111 et ss.
[24] Ce thème a été abordé d'une manière particulièrement pertinente dans un colloque qui réunit éthologistes, anthropologistes et sociologues et qui fut publié sous le titre : *L'Unité de l'Homme*, Paris, Edit. Seuil, 1974.
[25] Chance, M., Sociétés hédoniques et sociétés agonistiques chez les primates, dans *op. cit.* (24), pp. 83-91.
[26] *Op. cit.* (25), p. 85.
[27] Huxley, J., *Le comportement rituel chez l'homme et l'animal*, Paris, Edit. Gallimard, 1971, p. 9.
[28] Lorenz, K., dans *op cit.* (27), p. 50. Cette définition peut paraître obscure pour un lecteur non informé. En se référant à Morris, Chance donne à ce propos des informations utiles permettant de comprendre en quoi un «schéma moteur répondant à certaines nécessités du milieu» peut devenir signal. «Prenez, dit-il, les plumes d'un oiseau : elles peuvent passer d'un état parfaitement lisse à un état dans lequel elles sont ébouriffées (ce qui est un moyen de régulation de la chaleur) pour devenir des signaux de cour. Ce signal a été emprunté à ce qui était essentiellement un système de régulation de la chaleur, qui est très flexible, pour devenir un geste de cour, et dans ce cas, il devient

rigide». En conclusion, nous retrouvons cette remarque importante : « ainsi, la ritualisation, c'est deux choses : c'est rendre le signal rigide, et c'est le transférer à un autre système où il joue le rôle d'un signal pour communiquer à distance » (v. *op. cit.* (21), discussion du rapport de L. de Heusch, p. 690).

[29] Chance, *op. cit.* (25), p. 85.

[30] *Op. cit.* (25), pp. 87-88.

[31] Thinès, G. et Lempereur, A., *Dictionnaire général des sciences humaines*, Paris, Edit. Univers, 1975.

[32] Dans une formulation qui fait fortement penser à Diderot, Wilson considère que « les sociobiologistes étudient l'homme comme s'ils le voyaient à travers l'objectif d'un téléscope, à une distance plus grande qu'il n'est habituel, et avec une taille temporairement réduite, de façon à pouvoir le comparer à d'autres expériences sociales (*op. cit.* (13, b), p. 48). Si nous parlons ici de la difficulté qu'il y a d'éviter de prendre une position idéologique et de le poser au départ comme un fait qui s'impose au chercheur, c'est qu'en réalité, ainsi que l'affirme Ladrière, « la question du support empirique d'une théorie doit être reposée dans un cadre plus large qui puisse tenir compte non seulement d'énoncés empiriques à caractère local, mais aussi de tout le contexte pragmatique dans lequel fonctionne la théorie et dans lequel sont mis en œuvre les dispositifs expérimentaux qui doivent en assurer la mise à l'épreuve... » (Préface à l'ouvrage de Malherbe, J.F., *La philosophie de K. Popper et le positivisme logique*, Namur, P.U.N., 1979, p. 22). Il faut bien reconnaître que Wilson lui-même met en doute cette vue quelque peu mythique de l'observation en sciences humaines lorsqu'il affirme que « plus est approfondie l'étude que l'observateur fait d'un comportement, plus ce dernier est modifié par l'observation elle-même et plus sa signification réelle dépend des méthodes de mesure choisies », *op. cit.* (13, b), p. 122.

[33] Blurton-Jones, N., Ethologie, anthropologie, enfance, dans Fox, R., *Anthropologie biosociale*, Bruxelles, Ed. Complexe, 1978, p. 113. Blurton-Jones conclut de cette manière après avoir fait remarquer que les éthologistes étudient le comportement observable alors que la plupart des anthropologues anglo-saxons, beaucoup plus ambitieux, lui semblent étudier la façon dont les individus et les différentes cultures organisent leurs conceptions du monde et d'eux-mêmes. Ce sont là, poursuit-il, des thèmes distincts mais non irrémédiablement incompatibles (p. 100).

[34] Goffman, E., *Gender advertisements*, New York, Harper & Row Publ., 1979.

[35] Sahlins, M., *Critiques de la sociobiologie, Aspects anthropologiques*, Paris, Bibl. des Sc. Hum., NRF, 1980 (texte orig. 1976), pp. 44-45. Nous reprendrons cette perspective dans le point 2 de ce paragraphe.

[36] Christen, Y., *L'heure de la sociobiologie*, Paris, Albin Michel, 1979.

[37] *Op. cit.* (36), p. 44.

[38] *Op. cit.* (36), p. 44.

[39] On pourrait néanmoins donner de cette discipline une définition moins « engagée » ou qui se voudrait moins percutante en disant qu'elle est « l'étude systématique des bases biologiques de toutes les formes de comportement social, chez toutes les formes d'organismes vivants, l'homme y compris », *op. cit.* (15, b), p. 46. On retrouve néanmoins quelques éléments de la définition donnée par Christen dans les paragraphes suivants : « Ce qui est vraiment nouveau, est

la façon dont la sociobiologie a su extraire des matrices traditionnelles de l'éthologie et de la psychologie, les faits les plus importants de l'organisation des sociétés, les rassembler sur le terrain de l'écologie et de la génétique étudiée au niveau des populations, *pour montrer comment les groupes sociaux s'adaptent par évolution*», *op. cit.* (15, b), pp. 46-47. Un des problèmes qui laisse perplexe parce qu'il ne répond pas aux exigences de falsifiabilité que Popper pose pour toute science, est que les thèses des sociobiologistes peuvent difficilement être mises en cause, parce qu'en termes d'adaptabilité, la phylogénèse a pour eux toujours raison, de sorte que dans la mesure où l'on cherche à traduire ses vues, on aura également toujours raison.

[40] Il importerait de situer cette perspective dans le cadre du courant qui pose les problèmes de la criminologie en termes «économistes». Nous reprenons ici le terme de gestion tel qu'il a été introduit par R. Castel, dans son ouvrage: *La gestion des risques*, Paris, Edit. Minuit, 1981.

[41] *Op. cit.* (15, b), p. 28.

[42] *Op. cit.* (15, b), p. 212.

[43] Demaret, A., *Ethologie et psychiatrie*, Bruxelles, P. Mardaga Edit., 1979.

[44] *Op. cit.* (43), p. 27.

[45] *Op. cit.* (43), p. 29.

[46] V. Références faites par Debuyst Ch., Le concept de dangerosité et un de ses éléments constitutifs: la personnalité (criminelle), *Déviance et Société*, 1977, vol. 1, n° 4, pp. 378 et ss.

[47] *Op. cit.* (35).

[48] *Op. cit.* (35), p. 45.

[49] *Op. cit.* (35), p. 27.

[50] *Op. cit.* (14).

[51] On pourrait d'ailleurs se demander si dans cette perspective, la notion de «propagande» ne prend pas un sens particulier. Nous lisons, en effet, à propos du concept de *normal*, que «la seule manière de qualifier une structure ou une fonction de normale est de démontrer que c'est elle, et elle seule, qui a dû évoluer sous la pression de la sélection en raison de sa valeur pour la conservation de l'espèce, sous cette forme et sous aucune autre». Le terme de normal ne nous réfère pas à une moyenne; il nous réfère à un «type construit par l'évolution et qui, pour des raisons faciles à comprendre, n'est réalisé que rarement à l'état vraiment pur» (Lorenz, K., *L'agression*, Paris, Flammarion, 1969, p. 211).

[52] *Op. cit.* (34), p. 3.

[53] V. également à ce propos *op. cit.* (35), p. 36.

[54] Turner, V.W., Syntaxe du symbolisme d'une religion africaine, dans *op. cit.* (24), p. 88.

[55] V. différentes contributions présentées dans *op. cit.* (24). Constitue toujours, à ce point de vue, une remarquable analyse faite sur le terrain, l'ouvrage de de Martino, E., *Italie du sud et magie*, Paris, Edit. Gallimard, 1963.

[56] a) Colin, M. et collab., *Etudes de criminologie clinique*, Paris, Edit. Masson, 1963; b) Shoham, S.; c) Girard, R., *Des choses cachées depuis la fondation du monde*, Paris, Grasset 1978, Livre I, Anthropologie fondamentale, pp. 18 et ss.

[57] Il se peut très bien que dans une société animale, il y ait un accès «égalitaire» aux biens de consommation, et par le fait même une absence de toute hiérarchie.

Dans ce cas, il s'agira également d'une solution liée à la phylogénèse. Mais ce qui différencie l'homme est l'existence d'un consensus, c'est-à-dire une volonté commune de rejeter cette forme de hiérarchisation des rapports. Nous retrouvons d'ailleurs cette idée d'une manière sous-jacente à toutes les interventions faites au colloque sur l'Unité de l'Homme (v. *op. cit.* 21) et qui posèrent le problème en termes éthiques. Il en est ainsi entre autres de l'intervention de Ballandier : « Nous savons tous que le débat fondamental des sociétés humaines concerne l'inégalité et la place qu'il convient d'attribuer au pouvoir pour qu'il ne soit pas abusif. Et au bout du compte, ce que recherchent les utopistes dans la description des sociétés autres, c'est la réalisation de sociétés où les quotas d'inégalité, les quotas d'iniquité seront réduits au minimum. Or, sur ce point, les éthologues peuvent nous aider à définir ce qui est incompressible en matière d'inégalité et en matière d'intervention du pouvoir à l'intérieur de sociétés organisées. Il y a là, je crois, un grand débat de notre temps... » Ou encore, « ... Mais il semble bien que l'ordre, la hiérarchie, l'inégalité, les positions de pouvoir, soient liées, même dans le cas des sociétés animales, au fait qu'il s'agit de sociétés, c'est-à-dire de collectivités ayant choisi, ayant conçu une organisation, même minimale. Ma notion de niveau minimum d'inégalité se rapporterait alors à ces propriétés que l'on trouve déjà dans les sociétés animales... », *op cit.* (21), pp. 511-512.

[58] Si nous adoptons cette forme particulière prise par le consensus, c'est en réalité parce que c'est ainsi qu'il s'est posé dans nos sociétés occidentales. Il aurait pu effectivement se poser en d'autres termes et nous nous reportons ici aux remarquables analyses faites par Louis Dumont (*Homo aequalis*, Paris, Edit. Gallimard, 1977, qui suit son *Homo hierarchicus*, Paris, Edit. Gallimard, 1967). Néanmoins, nous adoptons également cette forme, parce que dans le cadre d'une genèse de la morale, chez l'homme, elle apparaît comme un moment essentiel, et ce tout autant pour des psychologues comme Piaget (passage de la morale hétéronome à la morale autonome) que chez des psychanalystes comme Lacan.

[59] Goffman, E., *La mise en scène de la vie quotidienne*, Paris, Edit. de Minuit, 1973, ainsi que l'*op. cit.* (31).

[60] Il est certain que le problème se poserait en termes différents si nous avions une société dans laquelle dominait la dimension hédonique et dont nous pouvons avoir une certaine idée à travers les rituels d'apaisement, les rituels d'accueil, de séparation (entre autres entre mère et enfant) qui viseraient à réduire l'anxiété et à maintenir le contact affectif. Ce serait à ce niveau, une autre histoire de la « loi » qu'il importerait de faire.

Chapitre II
La notion d'infraction comme mode d'interprétation[1]

Poser le problème de la connaissance en criminologie, ou plus précisément, de la connaissance qui prend pour objet l'homme délinquant et son acte, nous amène à rencontrer d'une manière presque exemplaire les différents problèmes que nous venons de voir parce que, plus encore que pour n'importe quel objet, on peut dire que l'objet criminologique n'est d'aucune manière «neutre».

Il ne l'est pas pour plusieurs raisons et pour le moins à deux niveaux: celui de l'individu qui est victime ou se trouve confronté à un acte qui porte atteinte à sa propre sécurité, et qui dès lors réagit en conséquence; qui, en plus, bien souvent du fait même de ces confrontations, connaît également des tensions internes liées à ses propres refoulements ou à sa propre vulnérabilité. Dans tous ces cas, il se sentira directement concerné par un tel acte, de telle sorte que son avis traduira nécessairement un «point de vue».

Et d'autre part, à un niveau plus général, nous retrouvons un groupe social, qui selon les perspectives de Durkheim et dans cette élaboration imaginaire qui l'amène à se définir comme ensemble consensuel, voit sa solidarité mise en cause par un comportement qui porte atteinte à ses valeurs et qui, pour y réagir, dramatise cette solidarité et voile ainsi les divergences réelles ou les rejette dans une demi-conscience.

A. Une définition «objective» de la délinquance à partir de la réaction sociale est-elle possible?

Dans un domaine aussi complexe que celui que nous abordons, il nous importe de tracer la ligne générale que nous comptons suivre et d'isoler au fur et à mesure les points que dans ce chapitre nous envisagerons d'une manière plus précise.

La première question porte évidemment sur le sens qu'a cette qualification particulière qu'on donne à un acte quand on le désigne sous les termes d'infraction; elle porte également sur le type de démarche dans lequel se situe une telle attribution, et les conséquences qui en résultent. A première vue, nous nous trouvons devant un comportement problématique ou inacceptable pour le groupe. Lorsqu'on appelle ce comportement délinquant, s'agit-il d'une qualification donnée après coup, ou plus exactement d'une manière d'informer dès l'abord cet acte (c'est-à-dire de lui donner une forme) qui détermine son statut particulier?

De telles questions sont évidemment essentielles dans la localisation et dans la définition de ce que sera l'objet d'une étude psychologique de la délinquance.

A première vue, le problème serait simple si nous avions effectivement une succession dans le temps entre trois moments qui constitueraient une séquence logique: d'une part la commission d'un acte, d'autre part la réaction de défense ou d'indignation que le groupe présente, et finalement la formalisation de cette réaction qui vise à l'insérer dans un cadre qui sera celui de la justice pénale; nous aurions dans leur suite naturelle l'acte et sa désignation de délinquant par la réaction informelle et formelle qui s'emboîteraient l'une dans l'autre.

C'est à partir de cette distinction que les criminologues du XIXe siècle en sont arrivés à poser une définition criminologique de l'acte délinquant, en la distinguant de la définition légale (et leurs arguments sont toujours ceux que l'on reprend à l'heure actuelle)[2]. Le point de départ de la définition criminologique est la réaction de défense ou d'indignation du groupe; elle constitue un fait social indiscutable et permet d'isoler le comportement qui produit cette réaction d'une manière qui ne dépendrait pas d'un arbitraire légal mais correspondrait à une réalité sociologique.

Nous voyons ainsi se constituer les définitions de ce qu'est le comportement criminel; pour Garofalo, le comportement criminel est celui qui porte atteinte à «cette partie du sens moral qui consiste dans les sentiments altruistes fondamentaux, la pitié et la probité»[3] et qui, au niveau d'évolution atteint par l'espèce, sont indispensables pour que la vie commune soit possible. Ou encore, la définition de Durkheim qui cherche à exclure des comportements trop nettement identifiés et parlera de comportements qui heurtent «les états forts et définis de la conscience commune et suscitent de ce fait une réaction émotionnelle qui pourrait se manifester d'une manière diffuse mais qui généralement s'organise à travers cette réaction sociale formelle que constitue la peine»[4].

Ce qu'il importe de souligner, c'est qu'en se situant au niveau de la réaction sociale, ces auteurs ont fondé, en quelque sorte, la clinique criminologique telle qu'elle a été définie au départ, ainsi que la psychologie criminelle. C'est effectivement à partir de cette réaction sociale informelle, puis formelle, que la notion de personnalité criminelle a pris son sens et que s'est imposée une analyse du passage à l'acte; en effet, pour commettre un acte qui soulève une telle émotion, on peut légitimement croire que l'auteur ne participe pas à cette conscience collective, ou ne présente pas ces sentiments altruistes fondamentaux; ou du moins, qu'il ait vécu un processus tel que pour lui cet acte avait perdu la signification qu'il a pour la moyenne des gens. On peut donc effectivement dire que cette référence à la réaction sociale est ce qui a donné à l'étude de la personnalité le point de départ à partir duquel toute la démarche clinique, telle qu'elle a été définie, a pu se développer[5].

Il faut néanmoins reconnaître qu'une telle manière de poser le problème introduisait une difficulté qui résidait dans cette présomption d'un consensus émotionnel susceptible de fonder l'existence du caractère criminel d'un comportement; manifestement, il ne pouvait y avoir qu'une convergence limitée entre cette définition criminologique et les définitions légales. Garofalo a tenté de résoudre cette difficulté en distinguant les infractions naturelles (qui correspondent aux comportements criminels) des infractions réglementaires qui ne blessaient, selon l'état des nécessités locales, que des préjugés ou des règles visant à la bonne organisation du groupe social[6]. Durkheim, pour sa part, a sans doute mis l'accent sur des différences de cohésion selon les époques et selon les lieux, et sur des failles possibles dans la participation de certains sous-groupes aux valeurs collectives. Mais, au-delà de cette analyse d'ailleurs fort subtile, et pour redonner à cette notion de consensus tout son poids, il a choisi d'adopter une attitude pédagogique et de se situer au niveau du devoir : dans son ouvrage sur la Division du Travail, la réaction sociale formelle se voyait attribuer une autre signification que celle de traduire la manifestation émotionnelle collective : celle d'être un moyen susceptible de redonner au groupe le sens de sa cohésion au-delà des divergences qui pouvaient effectivement apparaître et rendre cette cohésion factice ou illusoire[7].

En conclusion de ce rapide survol, on pourrait dire que les quelques éléments qui se trouvaient en place au début de ce siècle, ont défini dès ce moment les limites dans lesquelles se sont déroulées les discussions autour des diverses définitions de la criminologie et de son champ, celui-ci pouvant aller des crimes naturels au sens strict ou des actes blessant les états forts de la conscience commune (au nombre de plus en plus restreint), jusqu'aux comportements définis comme déviants sans être délinquants.

Pourquoi peut-on effectivement dire, comme le suggère Pires, que dans ce domaine d'une définition du crime, aucun progrès n'a été réalisé et que cet objectif a pratiquement été abandonné à la suite du congrès international de 1950 qui avait néanmoins choisi cette définition pour thème. C'est, nous semble-t-il, parce que la référence à la réaction sociale (qu'elle soit formelle ou informelle) a toujours reposé sur l'hypothèse implicite d'une séquence logique entre un acte et une réaction apparaissant après coup. Comme il importait en plus d'avoir une «mesure» du caractère «criminel» de ces comportements (et ainsi que c'est généralement le cas en sciences humaines, il ne pouvait être question que de mesures indirectes), il devenait tout indiqué de faire, dans la ligne d'ailleurs préconisée par Durkheim et Garofalo, de l'intensité de cette réaction sociale un moyen de mesure. C'est de cette manière qu'à partir de l'intensité de la réaction sociale, on a pu concevoir un continuum de gravité[8] et préciser les comportements qui feraient l'objet des sciences pénales, et ceux qui entreraient dans le champ de la criminologie, les deux zones ne se recouvrant pas nécessairement.

En réalité, poser le problème en ces termes, qui ont été ceux du XIXe siècle, nous paraît mal le poser; le faire repose en effet sur cette idée simple que le comportement délinquant constitue un fait ou une donnée objective qui s'impose d'une manière non problématique, et qui serait défini (pour entrer dans le cadre de la criminologie) par l'intensité de la réaction sociale considérée comme appréciation somme toute extérieure au «fait», même si elle en est la conséquence. Nous dirions, pour notre part, et à la lumière de tout ce qui a été développé dans le premier chapitre, que la réaction sociale (informelle ou formelle) ne vient pas s'ajouter au fait (ou à l'acte) ou n'en constitue pas une simple suite. Elle *détermine* le fait dans la manière dont il est vu, dont il est appréhendé, et par le fait même dont il existe. En d'autres termes, comme nous l'avons vu lorsque avec les éthologistes, nous avons parlé des stimuli-signaux et du fait qu'à partir d'eux, l'animal reconstruit la réalité qui se trouve ainsi réduite à sa signification biologique de survie, de la même manière, le repérage des comportements suscitant un état d'alerte ou d'insécurité s'accompagne d'une certaine manière de découper le réel et de le reconstruire à partir de ces «signaux» ou de ces éléments. Aussi, lorsque Durkheim met l'accent sur le fait que l'acte criminel est celui qui suscite une réaction émotionnelle forte de la conscience collective, cette réaction donne en quelque sorte forme à cet acte. Cela ne veut pas évidemment dire que le caractère d'atteinte réelle que cet acte a constitué est une création de l'émotion collective, mais bien que cet acte est réduit à cet aspect et se trouve dépouillé de tous les autres éléments qui le constituent, ce qui fait de lui, dans une certaine mesure, une création. C'est dans ce sens qu'un approfondissement de la notion d'infraction doit pouvoir se faire, nous semble-t-il; ou en tout cas, c'est dans ce sens qu'un tel approfondissement est susceptible d'intéresser le psychologue.

Mettre ainsi l'accent à travers la perspective durkheimienne, sur la réaction sociale informelle réduite à ses aspects émotionnels nous rapproche des vues d'E. De Greeff et de ce qu'il appelait le mode de rattachement axé sur la défense. Comme nous l'avons déjà dit dans le chapitre précédent, cette dimension, pour intéressante qu'elle soit, n'est pas suffisante pour permettre une analyse des processus en cause. Il importe de tenir compte du phénomène sociétaire et des lignes de force autour desquelles celui-ci s'organise. Et il importe surtout d'en tenir compte là où il y a «création sociétaire», c'est-à-dire là où se situe le passage entre réaction formelle et réaction formalisée.

Lorsque nous parlons du passage de la réaction informelle à la réaction formelle, nous pouvons en effet dire que ce passage est le lieu où la loi se constitue. Le problème consiste à savoir ce que représente cette constitution de la loi, et il nous paraît difficile de ne pas prévoir un impact sociétaire qui se ferait selon les lignes d'organisation qui sont les siennes.

Comme nous l'avons déjà suggéré, ce passage à la loi est un passage ambigu. Une pluralité de sens apparaît: on peut dire d'abord que dans le cadre d'une société hiérarchique — et dans nos sociétés, cette dimension est indiscutablement présente — le passage par la loi peut n'être rien d'autre qu'une officialisation du pouvoir des uns sur les autres en vue de maintenir la sécurité du statut des uns et le refoulement des autres, c'est-à-dire des groupes «d'individus dangereux», dans une zone limitée et contrôlée. Ce peut être aussi, dans un deuxième temps, et toujours dans le même sens, une organisation des zones de légalité et d'illégalité d'une manière telle que les positions hiérarchiques soient protégées.

De telles éventualités sont à prévoir même si elles vont à l'encontre de ce que nous pourrions appeler l'esprit de la loi, parce qu'elles se dessinent tout naturellement dans le prolongement de cette dimension sociétaire hiérarchisante, de sorte que si le passage de la réaction sociale informelle à la réaction formelle pose problème, celui-ci est du même ordre ou est parallèle à celui que l'on pose lorsque l'on passe d'une société hiérarchisée de primates à une société hiérarchisée humaine[9].

En posant cette affirmation, nous n'opérons d'aucune manière une réduction ou une transposition facile du modèle animal au modèle humain. Nous affirmons simplement que dans une organisation sociale du même ordre doit surgir de la part des dominants un même type d'effort en vue de maintenir la situation avantageuse qu'ils ont et ce, avec les moyens du bord et les possibilités de manœuvre qu'ils possèdent. C'est en tout cas une des possibilités qu'il faut prévoir.

Il faut ajouter en effet qu'il ne s'agit pas là de la seule voie d'évolution, et que le passage à la loi se caractérise tout autant par un effort visant à rompre tout lien de hiérarchie pour introduire une égalité entre les membres. C'est la raison pour laquelle il n'est pas faux de dire que le passage d'une réaction informelle à une réaction formelle est également le passage d'une réaction affective réductrice à une réaction raisonnable susceptible d'introduire dans le débat des éléments éliminés par cette sorte de fragmentation du réel que la réaction affective de défense implique.

Nous voyons ainsi se dégager d'une manière sommaire les différents points que nous voudrions aborder dans ce chapitre, en nous posant néanmoins la question de savoir si la notion d'infraction n'est pas trop liée à la maîtrise qu'elle donne au groupe sur celui qui a commis un acte défini de cette manière, pour que ce groupe puisse le reconnaître autrement que sous cette forme réduite à ses éléments les plus négatifs, et que dès lors, un véritable contact égalitaire puisse avoir lieu. C'est pour cette raison que dans l'intitulé de ce chapitre, nous avons fait de la notion d'infraction un obstacle épistémologique.

En envisageant le système judiciaire comme instance d'attribution, l'optique dans laquelle nous nous situons n'est donc pas l'optique habituelle prise par les sociologues et qui, au cours de ces dix dernières années, ont mis en lumière le fonctionnement sélectif qui caractérise le système judiciaire et engendre une visibilité différentielle des cas selon les faits commis ou par le fait même, selon les statuts sociaux.

Nous envisageons le problème plus proprement en psychologue ou en psycho-sociologue et nous le faisons dans le prolongement du chapitre précédent: la réaction sociale, qu'elle soit formelle ou informelle, en même temps qu'elle est une réponse à un comportement donné, constitue une grille de lecture à partir de laquelle ce comportement se trouve réduit aux éléments déclencheurs de cette réaction, c'est-à-dire à tous les éléments perçus comme socialement négatifs et inquiétants et qui ont suscité une réaction de peur ou de colère à partir de laquelle l'ensemble de la situation est reconstruite.

B. La réaction émotionnelle du groupe, premier biais ou premier mode d'interprétation

Nous pouvons nous contenter de reprendre, pour préciser ce type de lecture, les textes déjà anciens auxquels nous nous sommes référés et qui, d'une manière paradoxale, sont en même temps ceux à partir desquels s'est constituée ce que l'on appelle la criminologie du passage à l'acte[10]. De tels textes en effet, nous paraissent encore maintenant être les plus indiqués pour nous permettre d'atteindre, dans leur généralité, les mécanismes de base qui caractérisent cette réaction sociale. Nous le ferons à travers certaines analyses de Durkheim ainsi que celles d'E. De Greeff qui reste un des rares cliniciens à avoir abordé le problème sous cet angle.

Nous nous sommes déjà référé à la manière dont Durkheim procède pour définir l'acte criminel; il l'a fait d'une manière telle d'ailleurs, que de nombreux criminologues y ont trouvé, au-delà des définitions légales, le support à une criminologie considérée comme science objective.

A partir des développements que Durkheim fait dans la suite, on peut dire que cette réaction émotionnelle des différents membres qui constituent le groupe social résulte de ce que l'infraction met en jeu une solidarité qui soude (ou resoude) le groupe dans une émotion commune déclenchée par la transgression commise. Cette réaction, selon lui, serait proche de la vengeance[11], en ce sens qu'elle participe au jeu de l'instinct de conservation mis en état d'alerte par cet «outrage» fait aux valeurs collectives. S'il en est ainsi c'est que chaque membre du groupe participe à ces valeurs qui constituent dans une certaine mesure son identité. Dans une certaine mesure seulement, parce que Durkheim prévoit deux consciences, dont l'une contiendrait des états personnels à chacun et qui, si elle prenait trop d'importance, pourrait faire en sorte que la solidarité sociale se détende; l'autre est celle qui contient les états communs à tous les membres de la société et tend naturellement à se réactiver lorsque apparaît pour le groupe un danger grave ou un acte qui met profondément en cause les valeurs communes autour desquelles la solidarité s'est constituée[22].

Dans notre analyse, ce qui pour le moment nous paraît important est qu'une telle réaction a pour conséquence de transformer l'auteur de la transgression en «étranger», en «impur», en «renégat», c'est-à-dire en un être pour lequel toute idée de participation au groupe perd son sens, de sorte qu'une sanction d'exclusion ou de rejet découle tout naturellement de cet état de fait.

On peut donc dire que certains actes, dans leur matérialité même, ont en quelque sorte pour effet de déclencher une réaction qui transformera l'auteur de l'acte en un être avec lequel tout lien est rompu, et qu'en agissant de la sorte, celui-ci est identifié à des caractéristiques vécues comme inacceptables pour le groupe. C'est bien là une manière d'être vu, ou une manière de faire l'objet d'une « reconstruction » à partir de laquelle un sens est donné à ce que l'on est et à la situation d'ensemble qui a déclenché ce mécanisme de réaction sociale.

Nous aurions ainsi un premier élément auquel il s'agira d'être attentif, malgré les restrictions que nous introduirons dans la suite: *le caractère répressif de la réaction sociale paraît être inscrit dans la réaction émotionnelle du groupe social lui-même*, et celle-ci se traduit automatiquement par une certaine manière de « connaître » celui dont le comportement a donné lieu à cette réaction. En d'autres termes, la prise de conscience qui résulte de cette émotion vécue et à partir de laquelle l'ensemble des événements est reconstitué, opère comme toute prise de conscience: à la manière d'une grille à travers laquelle ne seront retenus que certains éléments du donné alors que d'autres seront éliminés.

Dans ce sens, nous pouvons dire que la réaction sociale est créatrice de son objet, car s'il existe un comportement qui l'a déclenché, cette réaction implique un type de lecture qui réduira ce donné aux caractéristiques qu'elle retient et qu'elle isole en fonction même du rôle qu'elle joue. Et c'est dans la définition de ce rôle que Durkheim nous fournit une première référence de base. Le fait d'avoir mis l'accent sur cet aspect particulier de la pensée de Durkheim nous rapproche considérablement des analyses faites par E. De Greeff[13] à partir de ce qu'il appelle les modes de rattachement instinctifs de l'homme à son environnement et d'une manière plus particulière à autrui, axées tantôt sur la sympathie, tantôt sur la défense qui nous intéressera plus particulièrement.

Nous avons déjà vu, dans le chapitre précédent, en quoi le mode de rattachement axé sur la défense constitue une projection sur celui qui apparaît comme porteur de menace, d'intentions hostiles auxquelles il importe de répondre, de sorte qu'ici encore, un tel sujet se verra dépouillé de tous les aspects positifs qu'il pourrait présenter. En d'autres termes, nous avons affaire à une *connaissance préalable* qui à la fois s'organise à partir d'une réaction d'autodéfense et la justifie.

On pourra effectivement situer la réaction judiciaire dans le prolongement d'une telle réaction informelle. Mais il importe, en le faisant, de ne pas être sommaire.

Il est vrai que la réaction judiciaire participe au même type de lecture et dans une certaine mesure même, la confirme ou l'officialise; mais ce fait n'empêche pas que la réaction judiciaire, en imposant une certaine distance par rapport à cette manière de connaître les faits, y apporte des correctifs et des nuances. Néanmoins, comme le pensait d'ailleurs Durkheim, on peut croire qu'au-delà des transformations que la Justice pénale a fait subir à la peine, subsiste ce noyau élémentaire qui maintient présente l'idée irrationnelle de vengeance que le terme courant de « vindicte publique » traduit parfaitement; de même pour De Greeff, cette notion de responsabilité ou d'intention hostile que l'on projette sur l'auteur constitue une élaboration du mode de rattachement axé sur la défense, et, pour reprendre ses propres termes, peut être considéré comme le biais par lequel le prochain offre une prise à la société et permet à celle-ci d'« exercer les droits que le sentiment de justice confère ». En d'autres termes, l'identification du délinquant à sa responsabilité (entendue de cette manière abstraite et réductrice) représente ce qui permet au groupe social de dépouiller (dans les faits) un homme de tout droit et d'avoir effectivement barre sur lui.

Nous voudrions, à travers une description qui nous paraît à ce point de vue exemplaire, mettre l'accent sur la complexité et sur l'intrication des processus qui jouent à ces différents niveaux de « réduction », et ce, en nous maintenant dans l'aspect très partiel (et très psychologique) que nous avons choisi d'adopter.

Il nous paraît utile, en effet, de nous référer à l'observation d'un cas — celui d'un exhibitionniste — décrit par un psychiatre [14] qui l'avait eu en probation; un tel sujet par son comportement déclencha une réaction collective qui aurait pu aller jusqu'au lynchage et provoqua d'ailleurs dans la suite son suicide. Il s'agissait en réalité d'un homme d'une quarantaine d'années dont la personnalité était quelque peu rigide et consciencieuse, et dont l'exhibitionnisme avait consisté, durant près de deux ans, à mettre très tôt le matin, durant la bonne période, sa poubelle à la porte en étant complètement déshabillé. L'intention exhibitionniste résidait, selon le psychiatre, dans le risque que le sujet courait d'être vu par quelqu'un et dans le plaisir qu'il avait (plaisir non reconnu) de courir ce risque. Après une intervention de la police et une mise sous probation, il ne commit plus aucun acte répréhensible durant trois ans, jusqu'au jour où, brusquement, il s'exhiba à la côte et déclencha de ce fait une véritable chasse à l'homme de la part de la gendarmerie et des estivants. Pris et roué de coups, il se suicida en compagnie de sa femme à son retour à Bruxelles.

Nous ne voulons pas entrer dans le détail de ce cas ni profiter de son aspect tragique. Nous n'y faisons référence que pour mettre l'accent sur différents points.

Le premier est l'existence d'une pression sociale toujours présente, avec laquelle le sujet, très probablement, a été amené à se confronter, du fait, entre autres qu'un certain nombre de déceptions lui avaient donné l'impression de ne pouvoir se réaliser ou s'affirmer dans aucun domaine [15]. A la suite de l'acte, cette pression sociale s'est brutalement exprimée sous la forme d'un véritable déferlement (une chasse à l'homme), c'est-à-dire d'une manière totalement imprévue pour le sujet et sans commune mesure avec les faits ni avec la signification que ceux-ci étaient susceptibles d'avoir.

Lorsque l'on constate un tel déferlement, on peut croire que les circonstances «locales» devaient y être pour beaucoup. Celles-ci pourraient se résumer dans l'atmosphère particulière des plages familiales, durant les périodes de vacances et aux alentours des années 1960, où les groupes de parents qui se retrouvent portent une attention particulière — et à ces moments, presque exclusive — aux ébats de leurs enfants; ils seront, dès lors, particulièrement sensibles à tout ce qui peut apparaître comme événements mettant en danger ou en cause la tranquillité de ces ébats, et d'une manière plus large, de cette atmosphère de vacances au cours de laquelle il importe de pouvoir mettre en veilleuse cet état d'alerte que la vie courante impose généralement. Ce sera d'autant plus vrai que cette période d'inaction et de rencontres fortuites tend assez naturellement à sexualiser l'attention que l'on porte aux autres, et que l'existence d'une telle tendance face à un acte aussi clairement interdit, pourrait bien avoir soulevé une certaine angoisse subconsciente renforçant d'autant plus la réaction d'indignation et de défense.

En d'autres termes, il y aurait donc, liée à cette situation locale, une vulnérabilité particulière susceptible de déclencher à l'égard de l'auteur une émotion qu'il est difficile de maîtriser autrement que par un abandon aux réactions de défense qui, ici, seront collectives et aboutiront à une véritable mise à mort du coupable. L'acte était en lui-même anodin, mais pouvait facilement acquérir une dimension mythique dans cette ambiance particulière.

Il est évident que dans un tel contexte, il était devenu impossible pour le sujet, pris littéralement au piège, de se faire entendre ou de se défendre. Il était totalement et violemment réduit aux stéréotypes à travers lesquels il était vu, c'est-à-dire une bête que l'on pourchasse et dont il importe d'avoir la peau. Une telle expérience a dû être à ce point décisive qu'il semble avoir désespéré que sa parole puisse encore avoir un sens et soit susceptible d'être encore reçue.

Si nous nous sommes référés à l'analyse de ce cas, somme toute anodin (malgré son caractère tragique) et sans doute peu représentatif des comportements délinquants, c'est que, malgré ces réserves, il nous paraît particulièrement éclairant en ce sens qu'il reproduit d'une manière presque exemplaire un certain nombre d'éléments cruciaux qui constituent les situations qui nous intéressent. Il y a effectivement, d'une part, la transgression d'un interdit, transgression dont la signification n'est sans doute pas simple, mais doit se comprendre par rapport à une histoire dans laquelle cette transgression prend place et le fait généralement en référence à un certain besoin d'expression, ou à une impossibilité d'expression.

Il y a d'autre part, la réaction sociale, qui est d'un autre ordre mais qui donne forme et signification à l'ensemble. Elle est sans doute prévisible, parce que toute transgression comporte d'une certaine manière un défi, ou est porteuse d'un défi. Mais elle peut prendre (et elle prend généralement) une tournure qui dépasse considérablement les limites du prévisible. Lorsque l'on dit qu'il s'agit d'une réaction d'un autre ordre, c'est effectivement une réaction qui broie en quelque sorte le défi d'une manière à ce point réductrice qu'aucun autre aspect caractérisant le sujet et ses relations sociales puisse encore parvenir non seulement à imposer un sens, mais même à en garder un pour le sujet lui-même.

Finalement, cette réaction n'a plus grand-chose à voir avec les victimes effectives de l'incident qui s'est produit, dont on ne sait rien, mais dont la réaction a été automatiquement prise en charge par une instance collective qui joue son rôle propre, se déroulant selon une logique propre et qui trouve sa justification en elle-même.

Lorsque nous avons dit, dès lors, que ce cas pouvait être considéré comme exemplaire, il l'était effectivement de notre point de départ, et de ce qu'il fait l'objet de ce paragraphe, c'est-à-dire la connaissance de l'acte délinquant ou de l'auteur délinquant considérée comme une « forme » créée par la réaction sociale; et cette fois, de la réaction sociale prise dans son sens le plus fort, celui que Durkheim lui a donné lorsqu'il lui a fallu définir le crime. Ce qui dans cet exemple apparaît dès lors tout particulièrement est ce qu'on pourrait appeler la *violence de l'interprétation*. Il en résulte d'abord que l'on doit considérer le terme de réaction sociale comme non satisfaisant si l'on se contente de prendre le mot *réaction* dans son sens classique, c'est-à-dire de répondre à un stimulus ou à un événement déterminé. Il s'agit dès l'abord d'une interprétation de cet événement que le groupe projette et qui donne un sens à sa réaction. Il en résulte ensuite qu'une telle interprétation préexiste d'une manière latente, de telle sorte que nous devons admettre qu'au moment où le sujet se met dans une situation de transgression, il sait fort bien ce qu'il risque, de telle sorte que son comportement comporte une part de défi. Mais de ce fait, et en même temps, la réaction sociale, en tant qu'elle est une manière de voir qui s'est organisée autour d'un certain nombre d'interdits, est aussi toujours préalable au comportement de transgression et en constitue, au niveau de l'imaginaire, une de ses dimensions essentielles. La particularité de cette « manière de voir », qu'elle prenne la forme informelle que nous lui avons décrite ou qu'elle soit formelle, est qu'elle n'apparaît pas comme simple *point de vue* qui pourrait se discuter. Elle constitue une violence qui s'impose[16] et qui le fait sans laisser aucune place à une quelconque contradiction. Il importerait de voir cette question plus en détail, avec des nuances qu'il faudrait introduire. Mais avant de le faire, nous aurons encore à justifier le terme d'*attribution* que nous avons utilisé à différentes reprises.

C. Une théorie plus complexe: l'attribution et sa place dans la connaissance d'autrui et de soi-même

En considérant l'infraction comme processus d'attribution, nous avons en effet utilisé un terme qui, depuis une dizaine d'années, est à la mode en psychologie sociale et repose sur une définition de l'homme qui nous paraît infiniment plus intéressante que celle qui ferait uniquement de lui un être réactif.

On peut dire, en effet, qu'en mettant l'accent sur des processus du genre de celui que nous avons à préciser, nous accordons une place importante aux facteurs cognitifs et aux représentations que l'homme se constitue sur le monde, de sorte que dans la ligne de ce que dit Moscovici, on ne peut plus le considérer uniquement comme « le lieu de la réaction à un stimulus, mais bien un être qui accomplit un travail de mise en ordre des données de son univers intérieur ou extérieur »[17]; c'est-à-dire qu'il cherche en permanence à donner un sens cohérent aux différents éléments constitutifs du monde qui l'entoure, que ce soit d'une manière précise le comportement d'autrui et les inter-relations sociales dans lesquelles il est engagé, ou d'une manière plus large les événements qui surviennent autour de lui.

C'est dans cette perspective qu'il importe de situer les processus d'attribution: face au comportement d'autrui, le sujet fait à son propos une hypothèse sur les motifs ou les causes d'un tel comportement, et cherche à le rattacher, au-delà de ce qui est directement perceptible, à une structure permanente sous-jacente[18]. Une telle structure inscrit donc le comportement dans l'ordre du « prévisible »: ce sera un trait de personnalité qui exprime une certaine constance (le fait, par exemple, d'être considéré comme un être agressif ou l'appartenance à une catégorie sociale ou raciale). Cette attribution (ou cette inférence) d'une caractéristique ayant une certaine permanence permet de rendre un comportement compréhensible dans un cadre plus large et constitue ce qu'on a appelé «une mise en ordre des données» maintenant une certaine cohérence à l'univers intérieur et extérieur d'un chacun.

Le problème est du même ordre à l'égard de soi et de la manière dont le sujet interprète ses propres expériences ou dont il s'attribue les qualités qu'il croit posséder. Il n'est absolument pas évident que l'on soit les mieux placés pour déterminer ce que l'on ressent, ce que l'on est, ce que l'on a voulu. Nombreuses en effet sont les études qui insistent sur la fragilité des connaissances que l'on a sur ses propres états et de la nécessité d'utiliser d'autres sources d'information qui sont, entre autres, les jugements et les évaluations que les autres font à notre propos[19]. Ce sera donc bien souvent à partir des autres et de ce qu'ils pensent que l'on opérera cette auto-attribution susceptible de nous apporter la cohérence nécessaire à ce que nous sommes[20].

On pourrait même s'interroger, comme l'ont fait, dans la ligne des théories de Festinger, des auteurs comme Beauvois et Joule[21] sur ce que recouvre ce mouvement par lequel nous cherchons à nous connaître et à expliciter ce que nous sommes. Une telle nécessité, bien souvent, apparaît pour le sujet à la suite d'une mise en cause de lui-même, ou d'une interrogation vécue comme désagréable, née du fait qu'il ressent une certaine distance entre une conduite et l'idéologie qui est la sienne (ou son cadre de valeurs).

Dans une société où la soumission constitue un comportement adaptatif essentiel (principalement au niveau des relations professionnelles, mais en fin de compte, au niveau de toutes les relations hiérarchisées), les circonstances (et une manière tacite de les accepter) font bien souvent en sorte qu'une telle distance en arrive à s'établir, tant pour ceux dont le comportement s'inscrit dans la ligne de cette soumission (en opposition avec ce qu'ils pensent) que, d'une autre manière, pour ceux dont la conduite s'oppose à ce que le système prescrit. Ce qui, selon les auteurs, apparaît dans des situations de ce genre pour résoudre ces contradictions est un effort de rationalisation qui visera à justifier a posteriori les conduites[22] bien plus qu'une recherche visant à mieux se connaître et mieux se définir.

Mais à quoi correspond cet effort de rationalisation? Implicitement, nous nous sommes référés à plusieurs reprises aux théories de Festinger et à l'existence chez l'homme de ce qu'il appelle un véritable besoin (que l'on peut d'ailleurs considérer comme l'élément moteur de ce «travail» cognitif auquel nous avons fait allusion): le besoin d'éviter toute dissonance intérieure et de faire baisser la tension qui en résulte. Mais ici encore, et nous suivons toujours Beauvois et Joule[23], il importe de préciser ce que représente ce «besoin» et de distinguer deux éléments entre lesquels une différence n'a pas été établie d'une manière suffisamment précise et qui est essentielle dans la définition de la notion de dissonance: il y a d'une part ce qu'on pourrait considérer comme un besoin de cohérence logique qui découlerait du fait que l'homme est un être rationnel et qu'il cherche à introduire cette rationalité là où elle fait défaut; et d'autre part, ce que les auteurs appellent un besoin psychologique de confort.

Lorsque l'on examine les résultats des nombreuses expériences faites dans ce domaine, c'est effectivement le deuxième élément qui paraît être déterminant: la présence dans le système cognitif de dissonances est ressentie comme désagréable et inconfortable, et la «mise en ordre» cognitive cherche à éliminer cet inconfort. Mais ce fait n'empêche pas qu'au point de vue d'une cohérence rationnelle, des contradictions flagrantes puissent se maintenir. Ce sera le cas où une absence de tension paraît s'établir du fait que le sujet ayant manifesté clairement un comportement de soumission en réponse à l'injonction qui lui a été donnée, se sent libre d'avoir en contrepartie un avis personnel en contradiction avec son comportement[24]. On en arrive, dès lors, à une définition de l'homme qui met en cause l'idée selon laquelle il serait un «animal rationnel». Elle suggère plutôt que «l'homme est un animal rationalisant, même s'il tente d'apparaître rationnel pour soi et pour les autres» (Aronson)[25].

D. La référence aux valeurs comme opération de reconstruction

Une telle analyse met effectivement l'accent sur un point crucial (même si nous ne pensons pas que nous puissions clore le débat sur une telle définition donnée de l'homme).

La question qui en effet nous intéresse est celle de savoir si la référence aux mécanismes d'attribution (et aux rationalisations qui les sous-tendent) complète (ou met en cause) l'explication que nous avons donnée à partir des modes de rattachement axés sur la défense, tels que De Greeff les a décrits et tels que nous les avons utilisés.

En réalité, la distance entre ces deux modes d'analyse n'est pas grande. On peut dire, lorsque nous nous référons à l'exemple de l'exhibitionniste et à la réaction sociale informelle que son comportement a déclenché, que celle-ci se manifeste d'une manière élémentaire par l'attribution à l'auteur de la transgression de caractéristiques négatives, justifiant sa poursuite et sa suppression; cette manière se trouve en concordance avec la situation telle que le groupe social la vit: comme un danger et comme une attaque. La difficulté réside sans doute dans le caractère automatique de cette réaction qui, comme De Greeff le souligne, comporte à la fois une dimension cognitive (une manière de connaître) et un mouvement de défense. C'est-à-dire que ce que nous avons appelé une *mise en ordre cognitive* se situerait d'emblée dans la réaction elle-même et s'imposerait comme le ferait un automatisme.

Cette particularité nous suggère deux remarques : la première consiste à dire que ce caractère d'automatisation n'a rien d'étonnant, et que, tout en présentant des aspects moins massifs, il est présent dans la plupart des processus par lesquels on attribue une qualité ou une intention à quelqu'un. Nous pourrons le voir à travers la notion de catégorisation ainsi qu'à partir des données fournies par ce que l'on appelle actuellement la psychologie implicite. La deuxième remarque vise à souligner le fait que l'analyse de la réaction sociale informelle à partir des modèles de Durkheim et de De Greeff reste sommaire en ce sens que pour des raisons d'ailleurs différentes, elle tend à amplifier ce qui constitue pour eux le point focal de cette réaction : les mécanismes réducteurs et de rejet liés à cette sensibilisation préexistante.

Voyons d'abord le premier des deux points. Il nous paraît évident que le processus d'attribution ne se déroule pas dans le vide et qu'il ne nous réfère pas à un homme «rationnel» qui à propos du comportement d'autrui et avant de lui attribuer une signification pèserait les diverses éventualités[26]. Il nous semble qu'au contraire, le comportement d'autrui est vu d'abord à travers un certain nombre d'a priori implicites qui déterminent la signification que le sujet lui attribue. C'est à ce niveau que nous nous sommes situés lorsque nous avons parlé du mode de rattachement par la défense : les mécanismes entrant en jeu lorsque le sujet se vit en état d'alerte déterminent un type de lecture de la réalité. De Greeff aurait tendance à dire, à la suite des éthologistes, que ce type de lecture (ou que les mécanismes qui le caractérisent) est inscrit dans le mode propre d'être sensible que présente l'homme. C'est là une interprétation qui, au niveau des mécanismes en cause, nous paraît effectivement s'imposer.

Mais il faut également admettre que l'homme est intégré dans une structure sociale, ou fait partie d'une catégorie sociale qui déterminera dans une certaine mesure ses représentations et la manière dont il verra le monde. Son appartenance à cette catégorie sociale l'amènera à faire certaines inductions à propos des autres, et il sera lui-même vu à travers la catégorie dont il fait partie, pour donner lieu, de la part des autres, à un repérage préalable qui sert en quelque sorte de cadre de référence aux attributions qui seront faites. C'est dans ce sens que, comme le soutient Deschamps, l'attribution d'une caractéristique ou d'un attribut « dépend beaucoup plus de l'appartenance catégorielle (du sujet) que de sa différenciation personnelle »[27]. Il est d'ailleurs intéressant de voir que la définition de la catégorie à laquelle Deschamps se réfère paraît très proche de ce que Popper affirmait à propos des stimuli-signaux et de la théorie implicite selon laquelle de tels repérages de la réalité constituaient la meilleure solution pour favoriser la survie.

Selon Deschamps, les catégories sont comme des hypothèses sur la nature de la réalité avec laquelle nous sommes confrontés. Une fois qu'une décision catégorielle est prise, l'information ultérieure est déformée pour entrer dans la catégorie ou pour conformer les hypothèses aussi longtemps que cette information n'est pas trop en contradiction avec l'exemple typique de cette catégorie. C'est-à-dire que les catégories nous rapprochent des stéréotypes qui constituent des manières faciles et économiques de « voir » le réel selon les expériences culturelles acquises dans le groupe propre dont on fait partie, et dont la signification, toujours liée à la recherche d'une certaine consistance et d'un « confort » psychologique, paraît bien être d'augmenter les différences qui opposent les divers groupes sociaux ou raciaux et de minimiser celles qui existeraient entre les membres d'un même groupe[28], c'est-à-dire de se « conforter » dans son propre groupe par opposition aux us et coutumes des autres groupes. Dans ces éventualités, nous pouvons effectivement dire que le type de lecture du réel dans lequel les diverses attributions viennent prendre place sont de l'ordre d'a priori qui s'imposent et en fonction desquels les données du monde cognitif sont organisées. Sans doute, le sujet n'est-il pas enfermé dans une telle perspective; mais il n'empêche que c'est à travers celle-ci que sa conception de l'objectivité s'ordonne.

Le problème est du même ordre lorsque nous abordons ce que les psychologues américains ont appelé la psychologie implicite selon laquelle l'homme de la rue élabore ses représentations[29]. Celles qui évidemment nous intéressent concernent la distinction établie entre les «bons» et les «mauvais» et la manière dont à partir de ces catégories, les informations ultérieures sont inventées, triées, déformées. Une analyse adéquate serait ici trop complexe à faire et n'entre d'ailleurs pas dans notre projet. Nous dirons simplement que dans la manière d'évaluer des personnes qui psychologiquement nous concernent (par opposition aux personnes totalement neutres avec lesquelles nous sommes susceptibles de n'avoir aucun contact), nous accordons une signification plus grande aux caractéristiques négatives qu'aux caractéristiques positives, et les premières sont spontanément considérées comme constituant des traits fondamentaux de la personnalité[30]. D'autre part, les inférences de caractéristiques ou de traits non observés et que l'on ajoute à ceux que l'on avait repérés, renforcent l'orientation de départ: les caractéristiques négatives appellent des caractéristiques négatives et les positives des positives, avec cependant cette différence: du fait que les traits négatifs sont considérés comme appartenant à la personnalité de base, un plus grand nombre de traits additionnels négatifs seront donnés ou inférés pour un sujet «mauvais» que de traits positifs pour un «bon».

Les attributions ne se font donc pas n'importe comment. Elles suivent une logique qui, cette fois encore, tend à établir une distance maximale (et une méfiance maximale à son égard) avec le sujet que l'on place dans la branche de cette dichotomie *bon - mauvais* différente de celle dans laquelle on se situe soi-même. En plus, dans cette logique, les caractéristiques négatives font l'objet d'un traitement à part : elles sont considérées comme directement représentatives de ce qu'est l'individu. On peut également dire que, dans le cadre d'un conformisme majoritaire qui pose comme présomption de base le fait que l'homme est généralement conventionnel[31], toute transgression d'une norme sera, dans la définition que l'on donne de son auteur, d'un poids plus grand que tous les éléments positifs que ce même individu peut présenter, et même d'un poids qui tend à être exclusif de ces éléments positifs[32] dont il ne sera pas tenu compte.

Pour chercher à expliquer des résultats de ce genre, Wegner et Vallacher font allusion à ce qu'ils appellent une *vigilance* de l'individu à l'égard de tout ce qui pourrait mettre la vie en danger[33]. Cette vigilance apparaît comme une fonction permanente qui tend à reconstruire la réalité et les autres individus à partir des signes susceptibles de provoquer un état d'alerte. Cette interprétation est en fin de compte très proche de celle d'E. De Greeff pour lequel la défense de soi est également considérée comme une fonction toujours en éveil, et qu'il appelle, pour cette raison même, une fonction incorruptible[34]. On peut dès lors conclure que les recherches faites à partir d'autres présupposés et selon des méthodes classiques en psychologie sociale aboutissent à des résultats très proches des vues auxquelles nous nous étions arrêtés dans le premier point de ce paragraphe, avec cette différence, sans doute, que ces dernières sont trop nettement centrées sur des mécanismes élémentaires liés à la survie, de telle sorte que si elles gardent une valeur exemplaire, il est très probable qu'elles présentent un effet déformant si, à partir d'elles, on cherche à comprendre et à reconstruire la réaction qui vit effectivement un groupe humain à un état d'alerte.

Nous en arrivons ainsi à notre deuxième point : si nous reprenons l'exemple de l'exhibitionniste et de la réaction qu'il a déclenchée, une analyse faite en termes durkheimiens ou degreeffiens, tout en étant très significative, n'en est pas moins réductrice d'une réalité probablement plus complexe. Nous n'en dirons que quelques mots, mais ceux-ci nous permettrons de corriger notre analyse sur la réaction sociale. Cette indignation du groupe social, face à l'atteinte d'une valeur perçue comme fondamentale, constitue-t-elle effectivement une réalité qui s'imposerait en tant que telle, et qui serait, dès lors, ce « fait social » à travers lequel s'exprimerait un consensus (comme le disent Durkheim ainsi d'ailleurs que Garofalo) donnant à l'infraction sa signification ou sa raison d'être ? Ou cette indignation est-elle en partie artificielle, de sorte qu'une étude sur le terrain montrerait que, quoique étant effective, elle comporte une part de rationalisation et recouvre des sensibilités d'un autre ordre qui n'ont plus grand-chose à voir avec l'infraction de départ.

En prenant l'exemple d'un exhibitionniste, nous avons à dessein retenu une transgression qui ne constituait pas un trouble grave. Mais l'appréciation de cette gravité doit être très relative car, dans l'exemple cité, la réaction sociale s'est manifestée d'une manière particulièrement virulente et le groupe s'est comporté à l'égard du sujet comme il l'aurait fait à l'égard d'un grand criminel.

Si effectivement, nous parlons de reconstruction ou de focalisations sur ce seul aspect qu'est l'indignation du groupe et le comportement de rejet qui en résulte, c'est qu'une analyse plus détaillée de cette réaction d'ensemble aurait très probablement mis l'accent sur d'autres éléments, liés à ce que nous avons déjà appelé des circonstances locales, et qui s'effacent en quelque sorte devant la caractéristique centrale, seule retenue, et qui est celle d'indignation massive[35].

Quels pourraient être ces autres éléments ? Nous y avons déjà fait allusion indirectement, et nous pourrions nous livrer à quelques suppositions. Jouera indiscutablement la représentation que chacun aura de la manière dont doit se comporter dans de telles circonstances un « bon père de famille » et un « bonne mère de famille », avec cet élément d'entraînement et de rivalité réciproque susceptible d'apparaître lorsqu'une compétition s'installe à ce niveau. D'autres modèles s'ajouteront et interféreront rapidement avec ce premier : celui de l'« homme actif » capable d'organiser une action collective quand les circonstances paraissent l'exiger, avec l'adoption d'une ligne de conduite qui réveille les images efficaces du « grand quartier général » où et d'où les informations doivent être transmises. Ce sera, ensuite, au cours des activités physiques elles-mêmes, toutes les représentations qui s'organisent autour de la chasse — ici, une chasse à l'homme —, avec non seulement les subtilités qu'il importe d'avoir pour éviter les manœuvres de la « bête », mais aussi le plaisir qu'il y a de rentrer, la capture une fois faite, et d'en raconter les exploits à ceux qui attendent. Ce sera également le plaisir particulier de collaborer avec la police et la gendarmerie, et de vivre les représentations de soi que cette collaboration peut véhiculer comme agent et soutien de l'ordre, à un moment où l'on dispose justement d'un temps libre pour pouvoir entrer avec une certaine facilité dans ces différents rôles.

A tout cela, il faudrait ajouter l'importance que prend, dans des activités émotionnelles soutenues, une décision commune (celle d'attraper le coupable) par laquelle chacun a l'impression de s'être lié à ceux avec lesquels (ou devant lesquels) il l'a prise. K. Lewin parle à ce propos de l'« effet de gel » d'une décision, c'est-à-dire d'une tendance à adhérer à la décision en tant que telle, indépendamment des raisons qui y ont conduit et même si celles-ci ont perdu de leur importance [36].

En d'autres termes, une analyse plus détaillée nous aurait très probablement montré que cette indignation d'ensemble, qui reste effectivement réelle, présente une tendance à se dissoudre dans ces multiples processus qui s'organisent autour et à propos des événements. Ceux-ci nous réfèrent à des représentations de plusieurs ordres qui déterminent pour une part difficilement appréciable la conduite des uns et des autres, de telle sorte qu'à bien des moments, cette indignation collective apparaît comme un discours idéologique venant rationaliser une conduite[37].

Cette interprétation ne nie pas nécessairement l'existence d'une sensibilité propre à une valeur donnée, considérée comme importante par le groupe social. Mais elle relativise considérablement son rôle dans la réaction sociale effective, et ce, même si symboliquement, c'est autour de cette sensibilité ou de la défense de cette valeur que la réaction sociale s'affirme et se justifie (que ce soit la réaction formelle ou la réaction informelle). Pour Durkheim, l'émotion collective, expression d'un consensus, est définie comme résultant d'une atteinte faite à une valeur du groupe. Néanmoins, notre rapide analyse nous permet de croire que cette *valeur* apparaît beaucoup plus comme un signe de ralliement derrière lequel tous les autres «intérêts» tendent à s'estomper ou à se camoufler, et sont rejetés dans la zone du non-dit, ou d'un dire accessoire, du fait de leur non-concordance par rapport à la préoccupation centrale. Cette émotion collective n'est dès lors qu'une élaboration qui sous-tend sans doute une sensibilité déterminée à cette valeur, mais qui, également et peut-être principalement, recouvre d'autres éléments qui ne nous permettent pas d'en faire le critère objectif, non problématique, d'une sensibilité collective «réelle» qui ne serait atteinte que par la transgression de cette valeur.

En conclusion, nous pourrions dire que la réaction sociale, qualifiant un acte d'infraction ne fait pas seulement qu'énoncer la particularité objective qu'a cet acte d'être contraire à la loi. En étant ainsi défini et perçu, un comportement se trouve déjà interprété d'une certaine manière et participe à la sphère du «défendu» qui donnera à son auteur des caractéristiques déterminées. En cela, le fait de parler d'infraction nous inscrit dans un processus d'attribution. Cette notion devient du même coup un obstacle épistémologique (nous rejoignons ici l'en-tête de notre chapitre) parce qu'elle nous enferme dans une vue aprioristique dont il est difficile si pas impossible de sortir. Le problèmem n'est évidemment pas de savoir si une telle manière de faire n'est pas utile à une société qui cherche à contrôler ses déviants. Il est d'atteindre la vue la plus objective possible et de montrer qu'un tel processus d'attribution a des conséquences considérables sur ce que pourrait être l'objet de la criminologie, comme d'ailleurs sur les pratiques auxquelles elle se réfère.

En plus, il importe de dire que lorsque nous parlons d'infraction comme processus d'attribution, nous devons ajouter que ce qui justifie cette attribution, c'est-à-dire la sensibilité du groupe à des valeurs qui l'amènent à considérer certains actes comme inadmissibles, peut fort bien n'avoir qu'une signification symbolique, ou pour le moins, recouvre des réalités infiniment plus complexes que celles auxquelles le terme de «sensibilité aux valeurs» laisse supposer.

NOTES

[1] Nous avons repris, dans l'énoncé de ce titre, l'hypothèse de travail qu'avait définie A.P. Pirès et qu'il explicite en disant que «la notion de crime, telle qu'elle est véhiculée dans le discours traditionnel, est devenue une sorte d'"obstacle épistémologique' au développement de la criminologie et à sa structuration interne», v. Le débat inachevé sur le crime: le cas du congrès de 1950, *Déviance*

et société, 1979, vol. III, n° 1, p. 25. Cette référence à Bachelard, dans ce cas précis, nous paraît particulièrement indiquée et correspond à l'optique que nous avons prise dans le chapitre précédent, à la suite de Popper. Bachelard affirme, en effet, dans un texte qui date déjà de 1938, que lorsqu'«on cherche les conditions psychologiques des progrès de la science, on arrive bientôt à cette conviction que c'est *en termes d'obstacles qu'il faut poser le problème de la connaissance scientifique* (souligné par Bachelard). L'épistémologue français situe ces obstacles dans l'acte même de connaître. C'est là qu'existent les causes de stagnation et même de régression, ou si l'on veut les causes d'inertie qu'il appelle des obstacles épistémologiques, et à propos desquels il donne de nombreux exemples. Nous trouvons d'ailleurs chez lui des affirmations du même ordre que celles que nous avons retenues chez Popper : «En fait, on connaît *contre* une connaissance antérieure, en détruisant des connaissances mal faites, en surmontant ce qui, dans l'esprit même, fait obstacle à la spiritualisation». Ce qui veut dire, en d'autres termes, qu'«un obstacle épistémologique s'incruste sur la connaissance non questionnée», et amène Bachelard à faire cet extraordinaire constat de vie : «Accéder à la science, c'est, spirituellement, rajeunir, c'est accepter une mutation brusque qui doit contredire un passé» (v. *Epistémologie*, textes choisis, Paris, PUF, 1974, pp. 158-159).
[2] D'une manière générale, et dans le cadre d'une analyse critique, nous pourrions nous référer à l'article de Pirès A.P., *op. cit.*, pp. 23-46 ou à J. Pinatel qui traduit fort bien ce passage de la définition durkheimienne à la mise en place de la criminologie clinique (v. Criminologie, dans Bouzat, P. et Pinatel, J., *Traité de Droit pénal et de Criminologie*, Paris, Dalloz, Tome III, 1963).
[3] Garofalo, R., *La criminologie*, Paris, Alcan, Trad. franç., 5ᵉ éd., 1905, pp. 36-37.
[4] Durkheim, E., *De la division du travail social*, Paris, P.U.F., 7ᵉ éd., 1960, p. 71. On pourra sans doute s'étonner de trouver côte à côte Garofalo et Durkheim dont le cadre d'ensemble à partir duquel leurs travaux s'ordonnent s'inscrit dans des préoccupations toutes différentes. Nous nous limitons ici, pour les rapprocher, à un point précis qui est celui de la définition de l'acte délinquant : pour les deux, cette définition se pose en termes de réaction sociale : est délinquant l'acte qui déclenche une réaction émotionnelle..., ou est délinquant, l'acte qui porte atteinte à une sensibilité commune... Ce ne sera donc que sous cet angle très limité que nous rapprocherons ces deux auteurs.
[5] Pinatel, J., *op. cit.* (2).
[6] Garofalo, R., *op. cit.* (3).
[7] Durkheim, E., *op. cit.* (4), p. 52. Cette perspective, qui face aux analyses faites dans la division du travail social, ne s'imposait pas, s'est imposée dans la suite particulièrement au niveau de la formation de l'enfant et de ses rapports avec le maître (v. le dernier chapitre de l'ouvrage de Piaget, J., *Le jugement moral chez l'enfant*, Paris, Alcan, 1932).
[8] C'est dans ce sens qu'avait été rédigé le rapport de S. Versele qui fait d'ailleurs un très bon état de la question : aspects juridiques de la perception de la déviance et de la criminalité, dans : *La perception de la déviance et de la criminalité*, Neuvième conférence de Directeurs d'Instituts de Recherches criminologiques, Conseil de l'Europe, Strasbourg, 1972, pp. 121 et ss.

[9] V. les commentaires faits, dans le chapitre précédent, autour des écrits de l'éthologiste anglais Chance.
[10] Nous reprenons la distinction devenue classique entre criminologie du passage à l'acte et criminologie de la réaction sociale.
[11] Durkheim, E., *op. cit.* (4), p. 52.
[12] V. *op. cit.* (4), p. 74. On retrouve chez les positivistes italiens les mêmes remarques, mais dans lesquelles les différences se trouvent en quelque sorte figées dans des caractéristiques biologiques. Il suffit de se rappeler l'extraordinaire introduction d'H. Taine à *L'Homme criminel* de C. Lombroso pour voir jusqu'où pouvait aller ce rejet du délinquant dans une altérité qui faisait de lui autre chose qu'un homme : «Vous nous avez montré des orangs-outangs lubriques, féroces à face humaine; certainement, étant tels, ils ne peuvent faire autrement qu'ils ne font; s'ils violent, s'ils volent, s'ils tuent, c'est en vertu de leur naturel et de leur passé, infailliblement. Raison de plus pour les détruire aussitôt qu'on a constaté qu'ils sont et resteront toujours des orangs-outangs» (Paris, Alcan, 2e éd. française, 1895).
[13] De Greeff, E., *Les instincts de défense et de sympathie*, Paris, P.U.F., 1947.
[14] Lievens, P., L'approche psychiatrique du délinquant en probation, dans *La criminologie clinique*, Bruxelles, Edit. Dessart, 1968, 83.
[15] V. *op. cit.* (14), pp. 83-84.
[16] Nous avons repris le terme de violence de l'interprétation en l'empruntant sans doute dans un sens quelque peu différent, à P. Castoriadis-Aulagnier, dont l'ouvrage intitulé *La violence de l'interprétation* (Paris, P.U.F., 1975) et étant d'orientation psychanalytique, porte sur la naissance des activités de représentation chez l'enfant dans ses inter-relations, plus particulièrement avec la mère. A un niveau plus proprement inter-relationnel, mais avec des personnes qui sont représentatives du pouvoir (la mère pour l'enfant), cet ouvrage aborde en effet un problème qui nous paraît capital : celui que pose une interprétation qui se veut sans faille et *sans interrogation sur quelqu'un*, sur ce qu'il est, sur ce qu'il ressent. Nous notons entre autres le passage suivant qui nous paraît résumer la problématique d'ensemble : «chaque fois que le discours s'oppose à ce que les autres puissent relativiser l'entendu, à ce qu'ils s'accordent le droit de l'accepter tout en se disant que tel ou tel énoncé a un double sens et peut, sans annuler l'ensemble, être par eux entendu autrement, chaque fois donc que le discours prétend à ce type d'objectivité exhaustive, il est dans l'obligation de démontrer une conformité absolue entre l'objet dont il parle et ce qu'il énonce sur ce même sujet. Il est évident que cette conformité est insoutenable dans le registre des affects, registre dans lequel l'écoute des locuteurs est toujours infléchie par leur problématique singulière» (165).
[17] Cité par Deschamps, J.C. : *L'attribution et la catégorisation sociale*, Berne, Francfort-sur-Main, Las Vegas, Publ. Universit. Européennes, Peter Lang, 1977, p. 13.
[18] Nous retrouvons une définition de ce genre chez Heider (cité par Deschamps dans *op. cit.*, 17) ou chez Leyens, J.P., *Psychologie sociale*, Bruxelles, Edit. Mardaga, 1979, pp. 111 et ss.
[19] Beauvoir, J.L. et Joule, R., *Soumission et idéologie. Psychosociologie de la rationalisation*, Paris, P.U.F., 1981, p. 98.

[20] Si nous insistons sur ce deuxième point, c'est qu'il est en effet devenu classique, dans le cadre des études portant sur la délinquance juvénile, d'utiliser des questionnaires qui nous réfèrent directement aux appréciations que les sujets font à propos d'eux-mêmes dans les différents secteurs susceptibles de concerner leurs conduites ou leurs relations. Le problème consiste à savoir ce que représentent ces évaluations. Où se situe la cohérence qui caractérise la personnalité de ces sujets? Par qui est-elle donnée? Par eux-mêmes ou par ceux qui ont réagi à leur comportement?
[21] *Op. cit.* (19), p. 197.
[22] Dans le cadre des conduites déviantes, le processus de rationalisation a été souligné depuis déjà de nombreuses années et plus particulièrement par Matza (Sykes, M. & Matza, D.; Techniques of neutralization: a theory of delinquency, *Amer. Sociol. review*, 22, dec. 1957, pp. 667-669). Beauvoir et Joule mettent plus particulièrement l'accent sur l'importance de ce processus dans les comportements de soumission qui se situent au niveau de la vie courante, et plus particulièrement de la vie professionnelle, indispensables pour permettre la survie (ce qu'ils appellent des conduites extorquées dans un contexte de pouvoir, *op. cit.*, 26). C'est à ce niveau qu'ils font cette remarque générale: «L'homme n'est libre et responsable que pour mieux rationaliser les conduites de soumission qui échappent à sa liberté et à sa reponsabilité» (*op. cit.*, 197). Si nous nous limitons au cadre de la Justice et si nous spécifions la première partie de la phrase en disant: «L'homme n'est considéré comme libre et responsable que pour, etc.,», nous retrouverions le sens de l'affirmation de De Greeff que nous avons rappelée au début de ce paragraphe et dans laquelle il remarque que la notion de responsabilité est ce par quoi la société prend barre sur l'individu. Il faut évidemment rappeler qu'il s'agit ici de l'*utilisation* de la notion de responsabilité et qu'il y a une certaine distance, d'ailleurs fort ambiguë, il faut bien le reconnaître, entre l'utilisation de cette notion et la responsabilité vécue.
[23] Beauvoir et Joule, *op. cit.* (19), pp. 35 et ss.
[24] Pour mieux comprendre ce dont il s'agit, il importe de se référer aux présentations d'expériences faites par les auteurs dans *op. cit.* (19), p. 78.
[25] *Op. cit.* (19), p. 70. Le débat n'est pas clos à propos de cette définition d'Aronson parce qu'il importerait, selon nous, de la resituer dans une perspective popperienne, c'est-à-dire comme premier niveau auquel se situe un besoin ou une recherche de cohérence: s'y opère un réaménagement des représentations en vue de justifier un comportement, et l'on pourrait parler à ce propos d'une raison «fonctionnelle» ou utilitaire. Ce qui voudrait dire que n'en demeure pas moins la possibilité, sans doute fragile, mais effective, de prendre distance par rapport à de tels mécanismes, ne fut-ce qu'en les désignant et en précisant la signification ambiguë de la production qui est la leur. Pour nous justifier, nous pourrions nous référer au texte par lequel J. Ladrière introduit l'ouvrage de Malherbe, J., *La philosophe de K. Popper et le positivisme logique*, Namur, P.U.N., 1979, et dans lequel il écrit que Popper appartient à l'empirisme, mais aussi au rationalisme, «considéré non comme pensée de la totalité, mais comme effort pour faire valoir les possibilités de la raison au-delà même des limites de la raison scientifique» (p. 25).
[26] Se repose ici, évidemment, le problème de la liberté. Dans la perspective que nous avons prise, on pourra comprendre que celle-ci ne nous est pas donnée

au départ, qu'elle n'est pas non plus de l'ordre d'une mystification (quoique ce puisse être le cas), mais qu'elle doit se construire à partir d'un repérage et d'une prise de distance à l'égard des divers mécanismes qui déterminent à la fois notre vue sur le monde et le jugement que nous portons sur lui. Il nous semble, en réalité, que cette démarche est du même ordre que celle par laquelle on acquiert sur le monde une certaine connaissance : elle se heurte aux mêmes aléas et utilise des ruses du même ordre.

[27] Deschamps, J.C., *L'attribution et la catégorisation sociale*, Berne, Francfort-sur-M, Las Vegas, Publi. Univ. Europ., Peter Lang, 1977, p. 11.

[28] *Op. cit.* (27), p. 64.

[29] Wegner, D.M. & Vallacher, E.R., *Implicit psychology. An introduction to social cognition*, New York, Oxford Univ. Press, 1977, 326 p.

[30] «... negatives qualities are more likely to function as central traits in the individual's implicit personality theory» (*op. cit.*, 29), pp. 143-144.

[31] *Op. cit.* (29), p. 145.

[32] V. *op. cit.* (29), pp. 143 et ss., ainsi que l'*op. cit.* (19), dans lequel les auteurs font remarquer que les sujets d'une expérience ont tendance à ne retenir que les aspects non conformes de la conduite comme indicateur des intentions (p. 22).

[33] *Op. cit.* (29), p. 145.

[34] V. Les modes de rattachements instinctifs, fonctions incorruptibles, *dialectica*, vol. V, n°s 3-4, pp. 376-392.

[35] Une étude sur le terrain aurait été, à ce point de vue, particulièrement intéressante. Nous avons malheureusement peu d'exemples de recherches de ce genre, si ce n'est cet essai de sociologie immédiate mené par E. Morin lorsqu'il analysa la rumeur d'Orléans (Paris, Edit. du Seuil, 19), ou bien, avant cela, d'une manière sans doute limitée mais particulièrement bien circonscrite, l'analyse de C.G. Jung sur une rumeur qui s'était propagée dans une école suisse et mettait en cause un instituteur (v. Contribution à l'étude de la rumeur, dans *Conflits de l'âme enfantine*, Paris, Edit. Montaigne (sans date). Cette «contribution» a paru sous forme d'article en 1910).

[36] Cité dans Beauvoir et Joule, *op. cit.* (19), p. 127.

[37] Sur l'existence d'un consensus, et même, sur la valeur qu'il est susceptible d'avoir, l'article de Duclos D., projet éthique et positivisme dans la démarche sociologique de Durkheim, *Cahiers Internat. de sociol.*, vol. LXX, 1981, 84 comporte des réflexions extrêmement intéressantes. Nous notons, sur le thème qui nous concerne : «l'éthique durkheimienne, mélange de culture juive, de libéralisme et d'académisme académique, s'est laissé piéger par le positivisme qui l'a forcée, à un moment, à désigner comme objet de science ce qui n'était que l'objet de son propre désir : à savoir l'existence quelque part d'une «conscience sociale» des intérêts collectifs de l'humanité. Comme si la société la plus intégrée, la moins anomique, la plus parfaitement composée d'institutions équilibrées entre elles, ne pouvait pas devenir «folle», c'est-à-dire poursuivre une dérive le long d'un désir collectif mortifère» (93).

Chapitre III
La notion d'infraction comme expression du pouvoir

Nous avons parlé d'une *violence de l'interprétation*, et nous avons rappelé que si la réaction sociale était l'expression d'un point de vue, il s'agissait bien d'un point de vue qui ne laissait place à aucune contradiction. Cette affirmation est sans doute à nuancer, mais tout comme nous avons parlé à ce propos de violence, nous pourrions nous poser la question de savoir s'il n'existe pas une *violence de la criminologie*[1] dans la mesure où celle-ci prétend ne situer ses analyses qu'à l'intérieur d'un système qui serait celui des infractions, telles qu'elles sont définies par le code pénal, c'est-à-dire par un pouvoir qui à la fois régit et délimite ce qui est permis et ce qui ne l'est pas, ou plus exactement, ce qui tombe sous le coup d'une peine et ce qui n'y tombe pas. Violence aussi dans la perspective qui est prise et qui est une perspective attributive faisant nécessairement de l'auteur le point central des responsabilités et des interventions, et qui par le fait même, opère ce que certains[2] ont appelé une « forclusion » de l'environnement, des responsabilités que celui-ci porte et des interventions dont il importerait qu'il fasse l'objet. Violence, finalement, dans les sélections à travers lesquelles l'objet de la criminologie se constitue, puisqu'elle ne peut pratiquement atteindre que certaines infractions, c'est-à-dire les infractions classiques, et même ne retenir que certains auteurs de celles-ci, parce que selon la manière dont fonctionne le système, certains d'entre eux ont une visibilité plus grande que d'autres et sont de ce fait plus facilement «atteignables». Nous voyons ainsi s'établir, dans la ligne même des dispositions pénales, des différences de statuts entre transgressions et entre auteurs, qui détermineront des manières différentes de régler les problèmes; celles-ci ne dépendront pas seulement de la gravité que ces transgressions pourraient avoir, mais aussi et bien plus de la place qu'occupent ce comportement et son auteur dans la hiérarchie des activités et des statuts sociaux, et en conséquence, dans l'échelle des légitimités.

C'est donc dire que dans la poursuite de notre démarche, nous nous trouvons confrontés à un nouveau problème que nous ne parviendrons pas à éluder: celui du *pouvoir*. Il s'agit en effet de se dire qu'au niveau de ce pouvoir, on ne se contente pas de traduire en textes et ainsi, de canaliser, les manifestations de la sensibilité collective, comme s'il existait un ordre chronologique entre ces deux moments, dont l'un ne ferait que consacrer l'autre. Il semble bien, en effet, que les expressions de la sensibilité collective sont toujours ambiguës, et qu'elles se traduisent dans un cadre où le pouvoir *est déjà mis en place*, qui lui donne forme et auquel elle participe. Lorsque nous parlons de pouvoir, il ne s'agit pas d'une entité mystérieuse qui présenterait un caractère monolithique. On pourrait au contraire dire que nous y participons tous dans la mesure où nous sommes socialement situés d'une manière qui implique la défense de certains droits et de certains intérêts, et que pour le faire, nous avons la possibilité d'exercer une pression[3].

Il ne nous paraît pas nécessaire d'approfondir l'analyse de cette question qui exigerait des mises au point trop considérables, mais bien de l'aborder à travers des problèmes plus concrets susceptibles d'intéresser le criminologue et de permettre ainsi de saisir la portée exacte de ces diverses «violences» auxquelles nous avons fait allusion, quitte à faire au fur et à mesure certains commentaires.

A. Le système pénal incapable de se dégager d'une démarche de type «contrainte-soumission»

Nous commencerons par poser le problème de la délinquance économique et des mécanismes mis en place pour la régler, ainsi que, d'une manière plus large, des conséquences qui en résultent au niveau de la production de l'objet criminologique en nous référant brièvement aux débats de l'époque, tels qu'ils furent présentés par Sutherland[4].

Le problème est effectivement celui du statut particulier que ce type d'infraction est susceptible d'avoir, du fait même des dispositions légales, et dont il résulte qu'elles sont généralement traitées par des juridictions particulières et mises dès lors en dehors des statistiques criminelles. En plus, toujours de par les textes légaux, les auteurs bénéficient d'une série de moyens qui leur permettent d'éviter que la procédure n'arrive à son terme: système d'avertissement qui les autorise à corriger la situation d'infraction dans laquelle ils se trouvent, possibilités considérables de transactions, etc.; de telle sorte qu'ici encore, fort rares sont ceux que l'on retrouve dans ce qui constitue, aux yeux en tout cas de l'opinion publique, le terme auquel normalement devrait conduire une procédure pénale[5] lorsqu'on est coupable, c'est-à-dire la prison. En d'autres mots, cette catégorie d'infractions apparaît peu ou mal dans le champ de visibilité du criminologue, et plus particulièrement de ceux qui sont engagés dans la pratique ou la recherche clinique.

Une telle situation pose divers problèmes dont le premier, très classique, est celui que Sutherland a lui-même soulevé et qui semble avoir été sérieusement débattu lors de la parution de son livre sur le *white collar crime*: Faut-il ou non inclure dans ce qu'on appelle traditionnellement la délinquance les personnes qui ont contrevenu aux règlements régissant la production commerciale ou industrielle ?

Le sociologue américain soutenait qu'il s'agissait d'infractions comme les autres, prévues par un texte pénal et qui présentaient, en ce qui concerne l'atteinte portée aux valeurs et aux intérêts du groupe social, des caractéristiques très semblables aux infractions classiques. Sans doute, faisaient-elles l'objet d'une procédure particulière, mais ce fait ne modifiait en rien la nature de l'acte, considéré comme infraction par la loi. En d'autres termes, la différence de procédure ne pouvait avoir pour effet que l'acte ne soit criminel et que celui qui le commet ne soit considéré comme délinquant.

Si, comme il se doit, il importe d'inclure les délinquants d'affaire dans cette population délinquante qui constitue la «cible» sur lesquelles portent les études criminologiques et plus particulièrement celles qui sont consacrées à l'homme délinquant et à ses caractéristiques, il faut admettre, comme le souligne Cressey dans son introduction à la dernière édition du livre de Sutherland, que les fondements sur lesquels les criminologues, les administrateurs de la justice et les hommes de loi faisaient généralement leurs généralisations, à propos des crimes et de la criminalité, ne peuvent plus être considérés comme adéquats. Le groupe des délinquants d'affaire présente des caractéristiques, à première vue fort différentes des délinquants classiques, de sorte qu'effectivement (et tout particulièrement pour les psychologues habitués à tirer leurs conclusions d'études comparatives entre délinquants et non-délinquants), il devient indispensable de revoir ces affirmations et de les nuancer selon le type de délinquants auquel on a affaire.

Le problème ne nous paraît cependant pas être limité à cette question de représentativité. Il est plus complexe et touche à une réalité plus large. En effet, la manière dont sont résolus les conflits liés à la délinquance d'affaire et qui les soustrait en grande partie aux juridictions traditionnelles, se retrouve dans le cadre de la délinquance plus générale, où existe un mouvement du même ordre qui tend à faire sortir du circuit traditionnel certaines catégories de personnes pour des raisons que l'on peut d'ailleurs considérer comme compréhensibles.

Si en effet, nous jetons un regard sur la délinquance juvénile, nous constatons que selon certaines études[6], il n'existe pas de différence entre classes sociales au niveau de la délinquance révélée, ou en ce qui concerne le nombre de cas portés à la connaissance de la police. Néanmoins, cette différence apparaît nettement au niveau des cas qui parviennent jusqu'au Tribunal. Il est fort probable, selon les auteurs, que lorsqu'il y a comportement problématique, les jeunes de classe aisée profitent plus facilement — et en tout cas, les parents comme les juges sont plus attentifs à ce qu'ils en profitent — des circuits parallèles au circuit judiciaire et qui sont les services psychologiques ou psychiatriques; de telle sorte que, selon la classe sociale, il existe des différences dans la manière dont les individus sont capables d'éviter le recours ou le maintien dans un circuit officiel et que ce fait est déterminant dans la visibilité et dans la dramatisation dont font l'objet le comportement problématique des jeunes[7].

De la même manière, au niveau de la délinquance des adultes, les premiers résultats des recherches faites par la S.E.P.C.[8] sur la manière dont est constituée la clientèle de la Justice au terme du processus judiciaire (ce que les auteurs appellent les produits de la chaîne pénale) font clairement apparaître deux cibles dominantes : la première constituée par un groupe appartenant à la bourgeoisie, aux cadres, aux petits commerçants et aux artisans et dont les infractions (généralement des infractions professionnelles) donnèrent lieu à des amendes. La deuxième cible est constituée par des ouvriers et sous-prolétaires (surtout jeunes et étrangers), qui commirent des vols, des rébellions, accessoirement des coups et blessures, et pour lesquels la peine fut l'emprisonnement. L'examen de ces deux modèles selon lesquels se répartissent les clientèles de la Justice font apparaître, cette fois encore, une différence à la fois d'infractions, de classes sociales et de mesures prises.

En suivant les commentaires de Robert et Faugeron, on peut imaginer les conséquences qui résultent de pareils processus sélectifs et qui se situeront au moins à deux niveaux. D'abord, celui des représentations sur la délinquance : tous ceux qui sortent du circuit judiciaire pour des raisons qui sont essentiellement liées aux possibilités (ou au pouvoir) de négociation dont ils disposent, verront le caractère délinquant de leur comportement avoir tendance à s'effacer parce que moins visible et perçu comme moins «dangereux», alors qu'au contraire, ce caractère «délinquant» se focalisera sur les comportements de ceux qui sont maintenus dans le circuit et dont le groupe pour cette raison apparaîtra comme le prototype de la délinquance. C'est ainsi, disent les auteurs, que «s'entretient une sorte de diffusion idéologique ayant pour résultat de mettre en exergue ce qui doit être considéré comme crime et comme criminel...»[9]. Il résulte d'ailleurs de cet état de fait que la préoccupation traditionnelle des psychologues et des psychiatres reste ce groupe particulier et les problèmes qu'il pose, et l'on peut comprendre les remarques désabusées que le commentateur de Sutherland, D. Cressey[10], adresse aux psychologues et aux psychiatres lorsqu'il dit que cet élargissement du champ criminologique à la délinquance d'affaire et l'exigence de nouvelles théories explicatives qui en résulte n'eut que très peu d'effet sur les théories et les recherches qui furent menées dans leur domaine[11]. Ils ont en effet continué à poser le problème en termes de pathologie personnelle ou sociale alors qu'une recherche d'explication aurait dû nous référer tout naturellement aux conditions structurelles de la société elle-même qui, par les mécanismes de son système économique, est générateur à la fois de cette délinquance et du statut particulier auquel elle se situe.

La deuxième conséquence nous situe au niveau des représentations que l'on a du système pénal lui-même, dont la clientèle typique, ou son produit, est le délinquant qui devient «détenu». De nombreux pénalistes ou praticiens du droit pénal ont sans doute raison de dire que la réalité n'est pas celle-là, et que dans le système, de nombreuses transgressions aux règles (et probablement même la majorité) sont résolues sans qu'il ne soit fait appel à des mesures aussi coercitives que l'emprisonnement. Mais tout se passe comme si le système lui-même «occultait» cette réalité, ou en tout cas ne parvenait pas à lui donner une valeur d'exemple ou à en faire son image de marque.

En effet, d'une manière significative, nous pourrions distinguer deux types de démarches: d'une part, une démarche axée sur la contrainte et sur l'image d'un individu considéré comme objet de cette contrainte et comme n'ayant d'autre solution que la soumission. Le système

C'est cette impuissance qui pose problème. S'il en est ainsi, nous semble-t-il, c'est parce qu'une telle pratique porte en elle une contradiction (qu'il est peut-être impossible de dépasser, nous n'en savons rien). Elle résulte du fait que la logique pénale cherche à intégrer, en tant qu'elle se voudrait «progressiste», des attitudes qui en réalité appartiennent à une autre logique, et que dès lors, elles sont inintégrables (et même perçues comme dangereuses) dans leur signification profonde.

pénal est un système de cet ordre. Et d'autre part, une démarche dans laquelle une place est laissée au sujet, c'est-à-dire une place dans laquelle celui-ci peut «se reconnaître comme sujet»[12] dans un débat où ses intentions ne sont pas nécessairement présupposées.

On peut dire, en effet, que la notion d'infraction, telle qu'elle «fonctionne» dans le système pénal, nous situe nécessairement dans le premier type de démarche. Cette notion, en effet, lie entre elles trois idées comme s'il s'agissait d'une relation nécessaire : celle de transgression, celle de traits négatifs qui doivent caractériser l'auteur de cette transgression, et finalement, l'idée de peine. La question est de savoir si ces trois idées vont nécessairement de pair, ou si au contraire, le fait qu'il en est ainsi ne résulte pas de ce qu'elles prennent place dans ce système contrainte-soumission. On peut en effet se demander si l'idée de transgression implique que celui qui l'ait commise présente nécessairement des caractéristiques négatives susceptibles d'expliquer cette transgression[13]. C'est à ce niveau, nous semble-t-il, qu'est niée ce que nous avons appelé «la place du sujet»; sa responsabilité étant affirmée dès le départ, il ne peut, dans le cadre de cette logique, que se soumettre à une pareille affirmation.

En réalité, une telle liaison se comprend fort bien et est en quelque sorte inscrite dans les mécanismes en jeu. Dans le prolongement des idées de De Greeff ou de cette «psychologie implicite» à laquelle nous nous sommes référés et en reprenant les travaux de Beauvoir et Joule, nous pourrions dire que le pouvoir ne peut s'exercer sans qu'il n'y ait deux moments qui se répondent et qui paraissent aussi indispensables l'un que l'autre : d'une part, l'injonction faite de se comporter de telle ou telle manière (c'est-à-dire un ordre donné qui implique une soumission à cet ordre), et d'autre part, la possibilité que doit avoir l'agent de l'autorité de juger de la valeur des conduites, de les évaluer ou de les sanctionner[14]. Dans cette pratique sociale d'évaluation ou de sanction, nous retrouvons le jeu des processus cognitifs auquel nous avons fait allusion : d'une part, le principe d'attribution; et d'autre part, ce que les auteurs appellent le principe personnologique, c'est-à-dire la localisation sur l'individu des caractéristiques susceptibles de rendre compte de la conduite accomplie. C'est-à-dire que toute évaluation faite dans ce cadre (qui est celui de l'exercice du pouvoir) repose sur un mode de pensée qui se traduira comme nous l'avons déjà dit, par une véritable forclusion du jeu de l'environnement.

Cette dernière affirmation pourrait peut-être étonner certains criminologues et pénalistes, car en effet, dans l'explication d'un comportement délinquant, n'est-il pas de plus en plus fait allusion à l'importance du milieu et à la prise en considération du poids qu'il aurait pu avoir et dont la décision pénale cherche à tenir compte.

En réalité, et c'est ici que se situe toute l'ambiguïté, une telle prise en considération du milieu ne nous fait pas sortir de cette logique contrainte-soumission, et n'empêche pas, dans la décision prise, une forclusion de l'environnement. Cette responsabilité attribuée au milieu n'est en réalité que symbolique et ne se réalise qu'à travers l'individu et les mesures prises à son égard[15]. Elle n'est jamais admise comme responsabilité du groupe social lui-même qui «constitue» cet environnement, et par le fait même, ne donne jamais lieu à une action qui vise effectivement à le modifier. Ou alors, si c'est éventuellement le cas, dans un domaine particulier, c'est effectivement une autre «logique» qui s'installe et qui a cours.

B. Le double jeu de la loi lié au caractère inégalitaire de toute relation sociale

Un deuxième point nous paraît poser le problème en termes plus aigus, et en même temps, il faut le dire, plus difficiles, parce qu'il met en cause un certain arbitraire de la loi lorsque celle-ci décide que certains comportements seront considérés comme infractions et d'autres non. Il existe à ce point de vue une littérature dont l'article de S.J. Ball-Rokeach est un exemple privilégié auquel nous aurons l'occasion de nous référer[16].

Il est évident que la décision par laquelle un comportement est défini comme infraction a des répercussions considérables : il retire en quelque sorte cet acte de son contexte, lui donne une connotation négative à laquelle l'auteur sera tout naturellement identifié; et celui-ci se trouve nié dans la manière de s'exprimer qui est la sienne. Nous avons effectivement affaire à un acte de pouvoir.

Cette question ou cette manière de poser le problème peut paraître étonnante dans la mesure où les comportements à travers lesquels se manifeste la délinquance constituent des atteintes tellement évidentes aux droits et aux valeurs fondamentales que la raison d'être d'une qualification pénale paraît résider dans le fait même de pareilles atteintes et que si pouvoir il y a, il est au service de la protection de ces droits et de ces valeurs.

Face à cette objection qui vient tout naturellement à l'esprit, la démarche que nous avons jusqu'ici suivie et que nous chercherons à prolonger sur ce nouveau terrain est celle de savoir à partir de quelle grille de lecture s'organisent ces zones du permis et du non-permis, ou du délinquant et du non-délinquant. Peut-on dire que la mise en place de cette frontière découle uniquement de la prise en considération des valeurs concernées et qu'il importerait de protéger dans la mesure où l'atteinte qui leur est portée dépasserait un certain seuil ? Ou au contraire, cette lecture ne dépend-elle pas également de la manière dont, dans une société hiérarchisée, un rapport de pouvoir s'exprime et lie, dans une certaine mesure, à l'établissement de ces limites entre le permis et le non-permis, la position que l'on occupe et les possibilités de légitimation que donne une telle position. Tout comme dans ce genre de société, l'accès aux biens diffère selon la catégorie à laquelle on appartient, la signification des valeurs en référence à ces biens, et des règles qui les protègent, différera également dans leur réalité concrète selon ces catégories.

En d'autres termes, il paraît difficile ici encore d'imaginer que le droit pénal se soit constitué dans une sorte de « vide social » en référence exclusive aux valeurs et selon une conception qui serait celle de l'homme rationnel ou de l'homme sensible. Il nous paraît que cette élaboration est tout autant le fait de (ou nous réfère tout autant à) l'homme rationalisant et situé dans un système d'interrelations, de sorte que le bien-fondé de certains droits et l'importance de leur protection varient en fonction de la position qu'il occupe et de la volonté qu'il éprouve de les légitimer.

Ce sera donc dans cette voie que nous allons poursuivre l'analyse de cette question. Elle nous permettra d'atteindre les manifestations de la réaction sociale en tant qu'elle est législatrice et par le fait même en tant qu'elle se montre maîtresse du pouvoir; et d'autre part, elle nous permet aussi de tenir compte de l'horizon dans lequel la délinquance prend place et doit se comprendre, c'est-à-dire en tant que vécue dans des limites ou dans des frontières dont le caractère relativement arbitraire constitue une des dimensions. Cette délinquance, en effet, ne peut pas être simplement interprétée comme un comportement qui transgresse une valeur ou un droit fondamental envisagés dans l'abstrait, mais comme un acte qui transgresse une valeur ou un droit tel qu'il a été défini et affirmé dans le cadre d'un rapport de force, avec cet élément de soumission ou de non-soumission qu'un tel rapport suppose ou provoque. Il faut reconnaître que pour un clinicien (comme pour un chercheur), c'est de cette manière que le problème se pose s'il veut effectivement tenir compte de la situation qui lui est présentée dans toute sa complexité.

En d'autres termes, et comme nous l'avons déjà dit précédemment, nous ne pouvons plus raisonner en fonction d'un continuum sur lequel s'échelonneraient des atteintes à une valeur donnée qui seraient de plus en plus graves, de telle sorte qu'à partir d'un certan seuil, de telles atteintes deviendraient «infractions» parce que considérées comme inadmissibles. Le modèle qu'il importe de suivre est plus complexe; il introduit un autre type de lecture qui reposerait sur la légitimité qu'un individu a pu donner au comportement qui est le sien, indépendamment de sa gravité, du fait même de la position qu'il occupe et qui le rend socialement admissible alors qu'un autre n'a pu acquérir cette légitimité parce que son auteur ne disposait pas de la même position. Nous ne pensons pas que cette deuxième dimension élimine la première (et c'est ici, effectivement, que des difficultés peuvent apparaître), mais il nous semble que ce sera à partir de cette deuxième dimension que la première doit pouvoir s'actualiser, prendre effectivement forme.

En vue de préciser notre pensée, nous partirons de l'idée déjà affirmée un certain nombre de fois, selon laquelle ce qui caractérise nos relations à tous les niveaux où elles se situent, est leur caractère inégalitaire. Que ce soit dans le cadre familial (les relations entre parents et enfants ou entre homme et femme), que ce soit dans le cadre éducatif ou professionnel ou encore que ce soit dans les rapports que le citoyen entretient avec l'Etat ou les différentes instances étatiques, l'un des partenaires se heurte à un pouvoir qui exerce sur lui une certain «violence»[17] apparaissant comme admise et implicitement liée à la position qu'il occupe par rapport à l'autre. A chacun des niveaux, nous voyons un tel pouvoir se manifester sous des noms qui peuvent d'ailleurs différer (ce n'est pas nécessairement en termes de violence que l'on parlera), et dans cette mesure, faire l'objet d'une rationalisation (dont la part est d'ailleurs variable, et qui dans chaque cas, exigerait une analyse détaillée).

Si nous prenons le cadre familial, cette relation inégalitaire se traduira, entre autres, par le fait qu'une correction paternelle ou maternelle, pour autant qu'elle ne dépasse pas une certaine mesure, ne sera jamais considérée comme «coups et blessures», car étant donné la positon qu'occupe le père ou la mère dans la situation inter-relationnelle, un tel comportement sera interprété en termes de comportements éducatifs, tout comme les punitions corporelles qu'il y a peu de temps, les instituteurs pouvaient infliger à leurs élèves entraient également dans le cadre de ces comportements éducatifs.

De même, au niveau des relations conjugales (ou plus largement, des relations de couple), des rapports sexuels imposés par l'un des partenaires ou un certain nombre de comportements de soumission visant à rappeler l'appartenance de l'un à l'autre (généralement du plus fort)[18] font également partie des comportements admis du fait même qu'ils entrent dans le cadre des droits maritaux (ou des droits de la femme), et que dès lors, s'ils peuvent apparaître comme particulièrement vexants ou blessants, ils se situent à l'intérieur de la frontière du permis, alors que ce ne serait pas le cas s'il s'agissait de personnes qui n'étaient pas liées par un tel contrat.

Ou encore, il faut reconnaître que le fait d'être policier, ou fonctionnaire, ou professeur, ou chef d'entreprise, donne à celui qui a ce statut le pouvoir de provoquer chez le partenaire avec lequel il se situe dans ce rapport inégalitaire, le comportement qu'il souhaite obtenir, ou d'éliminer le comportement qu'il refuse, parce qu'il dispose d'une sanction liée au statut qu'il occupe et qu'il dispose de ce fait d'une indiscutable pression lui permettant d'intervenir dans cette délimitation entre le permis et le non-permis.

De nombreux autres exemples pourraient être donnés, entre autres là où un renversement du pouvoir des protagonistes est susceptible de faire passer un acte interdit en un acte que ces nouvelles circonstances permettent et rendent légitimes[19].

Nous pourrions prolonger cette liste ou même prendre d'autres exemples qui soient plus pertinents. Néanmoins, ceux-ci nous montrent déjà suffisamment combien est importante, dans la détermination des limites, la position occupée dans la hiérarchie des pouvoirs. Mais sous peine de pousser le raisonnement au-delà de ce que nous autorisent les faits, deux remarques nous paraissent nécessaires.

La première est que le sens de ce lien hiérarchique n'est pas aussi stable qu'on pourrait l'imaginer. Ainsi que nous le montraient déjà les analyses faites par Chance dans le cadre de l'éthologie[20], cette persistance dans les rapports d'une attention toujours en éveil n'est pas seulement le fait des sujets dominés, mais aussi des dominants pour lesquels est toujours présente la peur de perdre le pouvoir ou surtout, de voir des signes de dominance ritualisés perdre leur force de contrainte à l'égard de ceux qui représentent des menaces virtuelles, ce qui les obligeraient effectivement à se battre. Le problème est encore plus clair chez l'homme, où il ne s'agit plus de rituels, mais d'un ensemble de symboles qui «signifient» ou traduisent le niveau statutaire qu'a le sujet pour les autres et la déférence qu'il importe d'avoir à son égard. Néanmoins, à cet ensemble de symboles est loin de correspondre une force réelle susceptible de maintenir la dominance hiérarchique. Il en résulte que dans certaines circonstances (il suffit de repenser à mai 68), peut apparaître une remise en cause de la valeur de ces signes symboliques; ou encore, dans certaines situations précises, peut s'installer une véritable crispation autour de ce pouvoir ou de ce contrôle que les «dominants» craignent de perdre, auxquels ils s'identifient parce qu'ils en ont été d'une certaine manière investis, mais qui, pour une série de raisons, apparaissent comme éminemment fragiles. Dans un domaine qui nous intéresse immédiatement, la relation hiérarchique entre gardiens et détenus, et les tensions qu'elle recouvre (plus particulièrement au niveau fantasmatique)[21] a été décrite dans ces termes d'une manière très nuancée par M. Colin et par B. Cormier[22].

Une deuxième remarque est d'un autre ordre, mais elle s'applique à tous les exemples que nous avons présentés. En effet, il est sans doute vrai que la position que l'on occupe détermine les zones du permis et du non-permis et introduit de ce fait un certain arbitraire. Mais en réalité, on pourrait dire que la loi pénale n'apparaît que là où cet arbitraire devient inacceptable, ou atteint une limite intolérable : ainsi, au-delà d'un certain point, une correction paternelle ne peut plus être interprétée en ces termes et devient des « coups et blessures », c'est-à-dire un comportement inacceptable et donnant lieu à une sanction. On peut imaginer un raisonnement comparable pour les autres exemples donnés, et ainsi, nous en revenons au point de départ, dans un contexte sans doute plus nuancé, mais où le droit pénal apparaît comme le rempart protecteur de valeurs et de droits plus fondamentaux.

La difficulté que soulève cette deuxième remarque nous situe devant un choix, ou du moins, dans la mesure où nous poursuivons notre démarche dans le sens que nous avons adopté, nous oblige à définir d'une manière plus précise en quoi et comment cette frontière entre comportements délinquants et comportements non délinquants présente un certain arbitraire, même lorsque l'on pose le problème de la règle en termes de limites que l'on impose à ce qui constitue manifestement un « excès ».

Nous pourrions adopter en effet, une première interprétation visant à expliquer cette situation dans laquelle la loi paraît jouer un double jeu : on pourrait d'abord dire qu'il s'agit, en réalité, de lois de nature différente. Nous aurions d'abord une loi entendue dans un sens très général qui règle les droits parentaux et le statut des époux, qui détermine les pratiques pédagogiques ou les règles selon lesquelles l'acquisition d'un savoir est susceptible d'être consacrée, etc.; il s'agit, en d'autres termes, de lois (ou de coutumes) qui organisent la situation des uns et des autres dans des relations qui sont généralement des relations d'inégalité. Ce serait là un premier niveau auquel jouerait la loi. Le deuxième niveau serait celui du droit pénal qui reposerait sur l'existence d'un consensus déterminant ce qu'il importe de considérer comme excès, c'est-à-dire comme transgression d'un droit ou d'une valeur jugée inacceptable par la conscience sociale, et qui, dans le cadre de liens inégalitaires, protègerait tout autant ceux dont la position est celle de dominés que celle de dominants. On pourrait d'ailleurs montrer, dans l'histoire de l'humanité, que dans certains domaines le développement du droit pénal est manifesté par la volonté de protéger ceux qui se trouvaient soumis à l'arbitraire du pouvoir, de sorte qu'on pourrait se demander si l'on peut légitimement parler de la notion d'infraction comme «expression d'un pouvoir».

Mais est-ce la seule manière dont on peut comprendre le «double jeu» de la loi? Sans chercher à simplifier cette première interprétation, on est obligé de reconnaître que l'intervention du droit pénal dans les affaires humaines ne constitue pas la mise en place d'une barrière différenciant deux zones, celle des affaires permises et celle des affaires non permises et qui constitueraient des excès mettant en cause un droit ou une valeur, cette barrière venant s'imposer comme de l'extérieur sans modifier en rien la réalité des choses.

C'est à ce point qu'il s'agirait de reprendre l'idée de départ que nous avons mentionnée, à laquelle se réfère Ball-Rokeach et selon laquelle la toile de fond de la société contemporaine est constituée par la dissymétrie des positions qu'occupent les protagonistes quant aux pouvoirs dont ils disposent et quant aux accès aux différentes ressources qu'ils ont la possibilité d'avoir.

En affirmant, comme nous l'avons fait, que cette inégalité existe à tous les niveaux (familial, etc.), notre analyse est sans doute exacte et il reste vrai qu'à tous ces niveaux, des excès de pouvoir ou des détournements de pouvoir sont possibles et posent un problème effectif. Mais il importe de reconnaître que les pouvoirs liés aux statuts varient considérablement d'importance selon l'étendue du champ dans lequel ils se manifestent. Lorsqu'il s'agit d'un excès de pouvoir dans les champs limités à quelques personnes: famille, classe d'école, section militaire à l'armée, etc..., de tels excès n'en sont sans doute pas moins graves (v. le domaine des enfants battus, des femmes battues); mais d'une manière générale, il importe de les envisager en référence à une situation plus globale qui est celle de l'ensemble des liens qu'ont ces détenteurs d'un pouvoir relativement réduit à d'autres milieux (professionnels, administratifs, sociétaires, etc.) au sein desquels ils peuvent fort bien se sentir «pris» dans une position de «dominés» et sans possibilité d'expression, de sorte qu'ils trouvent une revanche dans l'exercice du pouvoir (limité et souvent fragile) qu'ils ont à leur disposition. Ou encore, il se peut fort bien que leur comportement apparaît ou est perçu comme justifié par le système idéologique du groupe plus vaste (par exemple, l'armée) dont ils font partie. De telle sorte que ce type d'excès ne constitue qu'un sous-groupe qui se situe et prend son sens dans l'ensemble plus vaste et plus essentiel de dissymétries de positions et de pouvoirs que nous avons rappelées quelques lignes plus haut. Le fait d'isoler ces excès «limités» de la situation sociétaire plus globale et de les envisager en eux-mêmes, est une manière d'occulter ce problème plus général qui, même pour un psychologue pourtant préoccupé par les cas individuels, demeure essentiel dans la compréhension de ces cas[24].

Dès lors, la conception du droit pénal considéré comme «protégeant le citoyen contre tout excès sans distinction de statut» ne résiste pas à l'examen; en réalité, cette notion d'*excès* constitue une élaboration abstraite qui correspond mal au rôle que le droit pénal joue effectivement. Lorsqu'il s'agit d'excès de pouvoir, dans la mesure où il isole un de ces comportements de l'ensemble dans lequel ces excès se situent, le droit pénal donne une idée faussé de la réalité, même s'il cherche à résoudre un problème effectif. Ce problème en effet, ne sera abordé qu'à l'intérieur (et sans tenir compte) d'une situation de violence plus fondamentale. En opérant ainsi une «fragmentation», cette manière de faire aboutira à renforcer et à confirmer les dissymétries de départ.

La question est encore plus nette lorsque le droit pénal considère les infractions classiques comme des «excès comportementaux» portant atteinte aux droits et aux valeurs sans se poser la question du sens qu'ont ces «excès» par rapport à la toile de fond socio-politique que nous venons de rappeler. Dans ces cas, l'analyse nous montre fréquemment que de tels comportements constituent d'une manière ou d'une autre des réponses faites par ceux qui, dans les liens inégalitaires qu'ils connaissent et des différences qui en résultent, vivent des insatisfactions et des impossibilités, de sorte que de tels «excès» représentent bien souvent une revendication face à ce qu'on a appelé la violence institutionnelle résultant de cette inégalité d'accès. Il nous semble que, d'une manière plus nette encore, dire que l'on protège «tout citoyen contre tout excès sans distinction de statut» constitue une occultation de tout un aspect susceptible de donner sens à ces excès et une nouvelle fois, il en résultera un renforcement des dissymétries en place.

Notre but en faisant ces diverses remarques n'est pas de vouloir donner de la délinquance une explication qui se présenterait en des termes socio-politiques. Il est de montrer qu'au niveau de ses rapports avec le pouvoir, le droit pénal n'est pas un système simple et indépendant dont le but se limiterait à la protection du citoyen et de l'ordre public, ou à la nécessité de sanctionner tout excès dans le domaine des relations aux droits et aux valeurs. Nous devons reconnaître, en effet, que cette notion d'excès est, qu'on le veuille ou non, politiquement construite. Elle recouvre des significations différentes selon la position qu'occupe l'auteur, de sorte qu'en niant l'existence de pareilles positions, elle constitue une forme tronquée à travers laquelle le réel est vu. C'est le jeu de tels mécanismes qui nous intéresse. Le fait de supprimer ou de négliger l'arrière-fond sur lequel un comportement se déroule en modifie le sens. On pourrait sans doute croire que cet arrière-fond n'est pas nécessaire à la résolution des problèmes ni même à une forme de compréhension que l'on pourrait en avoir. Il s'agit là, en réalité, d'une prise de position qui occulte une partie des facteurs intervenants et qui détermine un type de regard « utile » par rapport à une situation sociale donnée. Il importe pour le moins de s'en rendre compte.

C. L'infraction, comportement isolé de son contexte

Nous pourrions prolonger cette perspective d'une manière plus radicale et suivre Ball-Rokeach dans l'analyse, cette fois à propos d'un comportement déterminé (le comportement violent), des conséquences résultant du fait que certains de ces actes sont qualifiés d'infraction et d'autres non. Ce qu'il importe de dire est que ces caractéristiques de « permis » et de « non-permis », si elles nous réfèrent à des comportements, le font plus exactement aux représentations que nous avons de ces comportements, et non aux caractéristiques objectives que ceux-ci possèderaient. La différence que nous établissons ainsi est essentielle, car à ce niveau des représentations, le fait d'établir une barrière (entre le permis et le non-permis) a pour conséquence d'introduire une vue dichotomique qui isole en quelque sorte le comportement de son contexte. En ce qui concerne la notion d'infraction (ou d'excès), nous avons déjà vu que le sens de ces comportements ne peut se découvrir qu'en les resituant sur la toile de fond des conflits sociaux. On pourrait dire en plus, et dans la même orientation, que le fait de définir un acte violent comme déviant (ou comme délinquant) non seulement l'isole de son contexte, mais introduit une différence radicale entre la violence admise (qui n'est plus considérée comme violence) et la violence non admise. La première ne sera perçue qu'à travers les avantages qu'elle donne, du fait qu'elle est particulièrement liée aux statut supérieurs dans les relations de pouvoir de type dominant-dominé; elle occulte de ce fait toutes les limitations que doivent s'imposer ceux qui occupent les positions «dominées». Et d'autre part, la violence non admise, qui, si elle n'est pas resituée dans un cadre plus large, n'apparaîtra que dans ses aspects négatifs et ne sera jamais identifiée comme affirmation de soi face à un système dans lequel le sujet se sent «clôturé» ou enfermé, et qui, sous certains aspects, est légitime et parfois même, le seul possible.

C'est à partir d'une réflexion de ce genre que Ball-Rokeach propose la solution qui consiste à élaborer une définition *neutre* de ce type de comportement qui se situerait en deçà du clivage qu'opère le droit pénal jouant dans ce cas comme instrument du pouvoir. Il importerait, en d'autres termes, de partir de ce que nous avons considéré comme la toile de fond de la société contemporaine, c'est-à-dire le contexte conflictuel où violences conventionnellement admises et violences non admises ou déviantes prennent place dans des inter-relations sociales qui se caractérisent par la dissymétrie des positions qu'occupent les protagonistes quant aux pouvoirs dont ils disposent et quant aux accès aux différentes ressources qu'ils ont la possibilité d'avoir.

On pourrait, sur une telle toile de fond, considérer la violence comme un conflit manifeste et la définir d'une manière très large comme exprimant une «lutte pour maintenir des relations sociales asymétriques qui régissent la manière dont sont distribuées les ressources, pour les changer ou pour protester contre elles, et de le faire par la menace ou par l'utilisation de la force physique»[25].

Une telle définition inclut la «violence» institutionnelle comme les violences «déviantes» et ce sera à l'intérieur de cette situation que le droit pénal doit se comprendre, c'est-à-dire non pas comme moyen de résoudre les conflits et de les limiter en les envisageant tels qu'ils se posent effectivement (ce que d'ailleurs les présupposés de départ du droit pénal rendraient impossibles), mais bien comme instrument dont le rôle est ambigu puisque à la fois il permet au «pouvoir» de conserver l'avantage des relations inégalitaires et le consacre dans cet avantage, mais que d'autre part, il constitue également un rempart contre les excès de ce même pouvoir[26].

C'est donc à ce niveau que nous constatons la contradiction qui résulte du fait que la référence faite par le droit pénal aux valeurs et aux droits (intégrité physique, droit de propriété, etc.) est une référence abstraite. On peut parler de référence abstraite parce qu'elle ne tient pas compte du fait que, face à ces valeurs et à ces droits[27], les positions qu'occupent les différents protagonistes sont dissymétriques quant aux accès à de pareilles valeurs et quant aux protections qu'ils sont susceptibles d'avoir. En d'autres termes, les pouvoirs dont certains disposent (et dont dispose l'Etat bureaucratique, particulièrement sous sa forme totalitaire), font en sorte qu'ils peuvent utiliser plus facilement pour conserver ou pour renforcer leurs prérogatives une violence légale, alors que pour d'autres la possibilité de le faire n'existera pratiquement pas et qu'une des solutions pourrait devenir le comportement déviant.

En conclusion de cette analyse, dès lors, et dans l'effort même qu'il importe de poursuivre en vue de rendre possible cette manière *neutre* de définir un comportement, nous devrions accepter comme notion explicative permettant de résoudre les difficultés liées à des comportements posant problème au groupe, non pas celle d'un *consensus* qui se serait établi préalablement à propos de valeurs définies d'une manière abstraite et qu'il importerait de protéger, mais bien à celle de *conflit* se déroulant autour et à propos des possibilités de réalisation effective de ces valeurs. Cette notion de conflit doit en effet être considérée comme une notion positive et fondamentale dans la mesure où, effectivement, à l'intérieur de toute relation, elle nous amène à considérer comme normal que les oppositions puissent s'exprimer, et que dans le cadre de relations inégalitaires au départ, puisse se dérouler un processus au cours duquel s'opère une reconnaissance des positions occupées par les uns et les autres et de ce qu'elles impliquent. Nous retrouverons ce problème au niveau individuel (qui intéresse plus particulièrement le psychologue) dans le chapitre suivant. Mais il ne fait pas de doute qu'à ce point de vue, le système pénal, malgré les qualités qu'il présente, soulève des difficultés insolubles, et qu'une attitude comme celle de L. Hulsman et de J. Bernat de Celis[28] qui viserait à son abolition, nous paraît plus proche d'une analyse «neutre» de la situation qui permettrait dès lors de situer les solutions plus près du lieu où les conflits surgissent en leur donnant leur signification réelle, et par le fait même, en tenant compte d'une manière plus effective des valeurs et des droits autour desquels existe effectivement un certain consensus.

La référence à cette définition neutre que donne Ball-Rokeach présente un autre avantage, qui concerne plus particulièrement le clinicien et le cadre auquel il se réfère lorsqu'il aborde un comportement violent. Dans la mesure où l'on adopte cette définition élargie, il devient plus facile de souligner le caractère de « normalité » qu'un tel comportement est susceptible d'avoir, ou du moins, de chercher à le comprendre sur fond de normalité. Par contre, l'optique dans laquelle nous introduit le droit pénal nous amène tout naturellement à le comprendre *sur fond pathologique*, puisqu'au niveau individuel, un tel comportement sera défini comme « excès » qui détonne et apparaîtra comme manifestant une perte de contrôle, alors qu'il pourrait être envisagé comme réaction plus large de défense ou de protestation dont la signification a été oblitérée. Les éléments pathologiques peuvent fort bien ne pas être absents du tableau que constitue un pareil comportement. Mais isoler ces éléments sans les resituer dans le cadre d'ensemble nous amène à introduire un biais qui peut-être, rendra ces comportements mieux contrôlables (en effet, le pathologique, en étant identifié, paraît plus facilement contrôlable), mais ne le fera qu'au prix d'une déformation, ou, comme nous l'avons déjà dit, au prix d'une véritable « forclusion » de l'environnement. Lorsque nous parlons d'environnement, nous faisons allusion à cette toile de fond telle que l'a rappelée Ball-Rokeach mais à laquelle nous nous étions déjà référé dès le début de ce travail. Son impact est sans doute variable, selon les cas. Elle n'en constitue pas moins la réalité sous-jacente dans laquelle prennent place les diverses histoires individuelles et collectives.

Pour donner une portée plus concrète à cette discussion et plus directement située dans le cadre des préoccupations criminologiques traditionnelles, nous pourrions commenter une des observations que présente L. Berkowitz dans l'étude qu'il consacre à un échantillon de délinquants écossais condamnés pour coups et blessures[29]. Le cas que nous avons retenu n'est nullement « exemplaire » en ce sens que nous ne l'avons pas choisi en vue de démontrer une thèse. D'une certaine manière, nous nous sommes faits à la fois la part belle et la part difficile. Belle, en ce sens que le sujet auquel nous nous référons n'avait au départ aucune intention violente et même voulait manifester un comportement d'aide aux autorités; difficile, parce qu'on pourrait très facilement l'interpréter en termes pathologiques et qu'une telle interprétation apparaît manifestement comme plus «économique». La question qui se pose est celle de savoir si cette explication est suffisante, et si elle ne comporte pas une forclusion de «quelque chose».

Monsieur K., dont nous suivons la version des faits, est un homme d'un certain âge, ayant déjà encouru quinze condamnations pour coups et blessures. Il fut arrêté en dernier lieu pour un comportement qui constitua une véritable explosion de rage face à la police. Nous résumerons les faits en disant que le début du scénario le situe dans une position de témoin: l'homme avait appelé par téléphone le service de police pour demander une ambulance parce qu'il avait découvert devant sa maison, au petit matin, un homme mort au volant d'une voiture parquée dans la rue. Sur ces entrefaites, passa un car de police, et notre homme expliqua à l'agent ce qu'il avait vu. Commence alors un dialogue entre le policier qui, pour l'interroger voulait le faire entrer dans son car, et ce Monsieur K. qui, à cette heure matinale, n'était pas encore habillé, se montrait méfiant. Après un refus opposé à Monsieur K. de pouvoir rentrer chez lui pour s'habiller et à la question de savoir pour quelle raison il lui fallait entrer dans le car, le policier répliqua qu'il pouvait se considérer en état d'arrestation. Comme notre homme se rebiffait et demandait des explications, le policier lui donna l'ordre de baisser la tête et en profita pour le pousser dans le car. C'est à ce moment que Monsieur K. explosa de colère et bouscula le policier pour se dégager. Comme l'ambulance qu'il avait appelée venait d'arriver ainsi qu'une autre patrouille de police, Monsieur K. courut chez lui, revint avec une machette pour se défendre et, au cours d'une bagarre générale, blessa huit agents avant d'être maîtrisé. Dans la suite, il raconta que devant ce qu'il avait perçu comme une menace, il avait connu une véritable crise d'angoisse; il se décrit comme ayant été «aveuglé» et ayant frappé «dans le tas», sans ne plus voir personne. C'était d'ailleurs de cette manière, disait-il, qu'il avait vécu antérieurement les incidents du même genre qui, néanmoins, avaient été moins spectaculaires.

Il faut rappeler en guise de premier commentaire, que Berkowitz en rassemblant ces récits d'individus condamnés pour coups et blessures voulait vérifier l'importance sur l'adoption de pareils comportements de l'impact socioculturel et plus particulièrement d'une éventuelle sous-culture de violence. Dans l'hypothèse prévue (selon Berkowitz) par cette théorie socioculturelle, la réaction violente serait non seulement le «langage» habituel et apparaissant pour le groupe comme étant la norme, mais serait en plus le langage par lequel l'individu chercherait à atteindre un certain statut. Les récits faits par la majorité des sujets constituant l'échantillon vont à l'encontre d'une telle hypothèse et mettent au contraire à l'avant-plan la difficulté que ces sujets témoignent de maîtriser leurs manifestations émotionnelles et le fait d'être véritablement submergés par une réaction incontrôlable. L'exemple que nous avons donné va d'ailleurs parfaitement dans ce sens. C'est-à-dire une interprétation en termes de personnalité.

On ne peut cependant pas croire qu'une telle conclusion permette de clore le débat, et d'ailleurs les réactions qu'a suscité cet article le manifestent clairement[30]. D'une part, il nous paraît difficile d'évacuer l'élément socioculturel aussi rapidement, en se contentant de souligner que dans les récits et les commentaires faits par les sujets, on ne retrouve pas la volonté de maintenir ou d'acquérir un statut par le comportement violent que l'on a manifesté. L'impact socioculturel ne se limite pas à cet aspect (si du moins, on ne s'en tient pas à l'exemple restrictif des sous-cultures de violence). Il intervient d'une manière probablement plus massive dans l'acquisition, ou dans l'impossibilité d'acquérir une compétence (et une image que l'on a de soi-même) permettant de résoudre des situations conflictuelles ou anxiogènes en utilisant une technique verbale[31].

Là où une maîtrise de cet ordre n'a pu se constituer, les sujets sont amenés à utiliser la violence comme langage à travers lequel il leur est possible de sortir de cette tension anxieuse qui accompagne le fait de se sentir «pris» dans un engrenage dont ils ont difficile à sortir. Il y a, pourrait-on dire, une représentation de la situation qui se constitue, ainsi qu'une représentation d'eux-mêmes pris dans une telle situation, et qui déclenche d'une manière répétitive la même réponse. A ce point de vue, même si l'impact de ces éléments est susceptible de varier selon le jeu des variables individuelles et même si les termes de culture et de sous-culture constituent des entités à revoir, les remarques critiques faites par L. Curtis[32] à l'article de Berkowitz nous paraissent adéquatement mettre l'accent sur la manière dont jouent ces facteurs socioculturels: comme variables intervenant entre «les déterminants ultimes, que sont les inégalités structurelles, et d'autre part, cette manifestation comportementale que constitue l'acte violent». Sans doute, Curtis ne tient-il pas compte de la variable individuelle, mais il nous importe de souligner que pour lui également, la toile de fond sur laquelle le comportement se déroule est constituée par ces inégalités structurelles dans la mesure où elles déterminent à différents niveaux (qui d'ailleurs, peuvent fort bien interférer les uns avec les autres) une situation de conflits.

En ce qui concerne Monsieur K. (et ceci constitue notre deuxième remarque), il nous paraît impossible d'éliminer, dans la compréhension de la situation, le type particulier de relation *individu-police* dans lequel le comportement prend place, et l'on ne pourrait considérer la police et son intervention comme un simple facteur déclenchant une réaction émotionnelle démesurée par rapport à l'élément de départ. Une analyse de type interactionniste serait insuffisante si elle éliminait le fait qu'une instance intervenant dans la situation (la police) ne disposait d'un pouvoir coercitif particulier et ne constituait pour Monsieur K. une de ces instances face auxquelles il lui est difficile de s'expliquer et de faire valoir son point de vue, même si lui-même se trouve dans une situation où il n'a rien à se reprocher. Cet homme devait d'ailleurs avoir de ses expériences antérieures une idée claire de ce qui pouvait lui survenir, tout particulièrement lorsqu'un représentant de l'ordre lui affirme qu'il est en état d'arrestation et le pousse dans le car de police.

En ne considérant que l'excès comportemental (et les effets qui en résultent et qui sont effectivement impressionnants), la définition pénale d'un acte comme celui de Monsieur K. tend à isoler ce comportement de la situation d'ensemble, et tout particulièrement néglige cette autre violence, socialement admise, de la police. Lorsque nous parlons de la police, il ne s'agit pas seulement de l'attitude de celle-ci liée à la situation précise, mais bien de l'ensemble des attitudes antérieures que l'arrivée de ces détenteurs d'un pouvoir particulièrement menaçant évoque ou fait resurgir chez Monsieur K. Cette remarque ne veut pas dire que Monsieur K. ait eu raison d'agir comme il l'a fait, ni que sa réaction ne fut pas démesurée et peut fort bien traduire une manière panique de vivre des difficultés de ce genre. C'est donc dire d'une manière plus traditionnelle que sa « compétence » à réagir à de telles situations pourrait être mise en cause.

Néanmoins, l'ensemble de ces faits ne se comprend que dans un type de relation où existe effectivement une dissymétrie des pouvoirs en présence et où les possibilités de s'exprimer ne sont pas égales et sont même, à partir d'un certain moment, littéralement bloquées pour l'un des partenaires. Monsieur K., sans doute, au cours des brèves interviews qu'il eut avec l'équipe de L. Berkowitz, n'en parle qu'indirectement et ne donne dans sa description que l'impression d'aveuglement et la rupture de contrôle qu'il dit avoir vécue. Mais ce serait une erreur de se contenter de cette description superficielle. A propos d'explications de ce genre, E. De Greeff[33] disait déjà que pour saisir le sens de ces colères non contrôlables, il importait de les resituer dans le type de relations où elles prennent place, et de les réanalyser à partir de celui-ci.

Nous rejoignons donc l'idée de Ball-Rokeach selon laquelle cette toile de fond que constituent les relations inégalitaires donne une «normalité» (ou un sens susceptible de s'inscrire dans une normalité) qu'une interprétation pathologisante met trop facilement entre parenthèses en même temps qu'elle permet aussi d'évacuer le problème du pouvoir. Aussi, on comprendra fort bien le reproche que l'on peut faire au psychologue, qui, en se référant à un trouble de la personnalité, détourne l'analyse vers un point dont l'importance n'est sans doute pas négligeable, mais que l'on doit resituer dans une rationalité plus large qui concerne directement l'ensemble des acteurs en présence ainsi que leur statut social.

C'est dans cette perspective, nous semble-t-il, que l'on comprendra que pour Ball-Rokeach, le choix par lequel le groupe social décide de la pénalisation d'un comportement s'inscrit dans une «politique sémantique de violence». Ce fait pourrait sans doute apparaître comme une fatalité ou comme une nécessité dans la gestion de l'ordre et du pouvoir. Mais il n'empêche qu'il en résulte une manière d'en induire (à l'avantage des types de violences «admis») une réduction et un abus d'interprétation à l'égard des types appelés «déviants» qui seront nécessairement considérés comme négatifs et dont les auteurs présenteront nécessairement aussi une faille au niveau de leur manière d'être. C'est à l'intérieur de ce découpage sémantique, qui consiste à retirer ces comportements de leur contexte socio-politique, que l'on peut souvent reprocher au psychologue d'organiser son approche, donnant en quelque sorte à la qualification pénale sa justification.

On comprendra, dès lors, pour quelle raison nous avons parlé dans l'intitulé de ce chapitre, de la notion d'infraction comme «lieu» où se manifestait le pouvoir. En prenant comme cadre de référence, ou comme «ultime référant», la violence sociétaire en tant qu'elle est susceptible de traduire les inégalités dans diverses relations, nous ne voulons évidemment pas dire, d'une manière naïve, que le criminologue clinicien doit se tourner vers la violence sociétaire comme «objet» et «politiser» sa démarche. C'est sans doute à une telle naïveté que G. Canepa[34] se réfère lorsqu'il affirme que la criminologie doit s'occuper de la violence individuelle et non de celle de la société. Néanmoins, le grand danger de localiser ainsi la criminologie à la violence individuelle est de laisser croire que cette violence institutionnelle n'intervient que d'une manière lointaine et illusoire, et d'éliminer ainsi, dans le cadre même de l'examen clinique, une dimension qui peut fort bien constituer un des ressorts à partir desquels le vécu prend sa signification, et qu'il ne nous paraît pas adéquat de mettre par principe entre parenthèses. L'interrogation de Casadamont[35] que nous avons citée au début de ce paragraphe nous paraît effectivement s'imposer comme question: criminologie de la violence ou violence de la criminologie?

Il faut cependant admettre qu'opérer une réduction de ce genre et se limiter, au sens strict, à une criminologie de la violence, est une attitude «économique» qui correspond à ce qui est demandé au psychologue et au psychiatre dans le cadre du système pénal. En termes d'utilité et en acceptant une grille de lecture préalablement établie, une telle interprétation est susceptible de se défendre. Mais peut-on encore effectivement le faire lorsque nous constatons les biais qu'elle introduit? Et cette utilité immédiate est-elle effectivement la bonne?

NOTES

[1] Nous reprenons cette expression à Casadamont qui, dans son article Criminologie de la violence ou violence de la criminologie ? décrit cette criminologie de la violence comme une criminologie qui porte son regard sur les actes de violence et non sur «les états de violence qui traversent la société globale», ce qui l'amène à mettre entre parenthèses la violence qui se situe au centre même du champ social (v. *Actions et recherches sociales*, Rev. interuniv. de sc. et de pr. soc., 1981, n°s 1-2, 81). Nous aurons l'occasion de revenir sur ce point.

[2] Beauvoir et Joule, *op. cit.* (19), p. 173.

[3] Nous avons trouvé une bonne formulation de cette question dans l'article déjà cité (v. note 37 du chapitre 2) de D. Duclos: «La contrainte sociale ne ressemble pas à la pression physique exercée de l'extérieur par un corps sur un autre; mais elle résulte de la distorsion dans le flux des représentations introduit par la dominance sociale. Ce n'est pas *la* société qui domine ses membres, mais l'individu créé par le social, et nécessairement maintenu par le social pour exister, qui subit les distorsions que lui imposent les cassures, les crises, les mouvements dans la dominance sociale...» (98).

[4] Sutherland, E.H., *White collar crime*, New York, Holt, Rinehart & Wintson, 1961 (1re éd. 1949). Rappelons pour mémoire la définition que donne Sutherland du White Collar crime: une violation de la loi commise par des personnes dont le niveau socio-économique est élevé, dans le cadre de leurs activités professionnelles et en vue de parvenir à un gain plus élevé.

[5] On pourrait à ce propos citer une bibliographie importante. V. particulièrement: *Aspects criminologiques de la délinquance d'affaires*, Conseil de l'Europe, Strasbourg, 12e conf. des Directeurs d'Instituts de Recherches Criminologiques, 1976.

[6] Le Blanc M., La réaction sociale à la délinquance juvénile. Une analyse stigmatique, *Acta criminologica*, Montréal, 1971, vol. IV, janv., 113-192. Il faut cependant reconnaître que les rapports entre classes sociales et délinquance sont trop complexes pour nous permettre d'adopter un schéma explicatif simple. V. Braith-Waite, J.: The myth of social class and criminality reconsidered, *Amer. sociol. rev.*, 1981, vol. 46 (febr.), 36-37, qui présente sur ce thème une bibliographie très complète.

[7] Robert, Ph., Lambert, Th., et Faugeron, Cl., *Image du viol collectif et reconstruction d'objet*, Paris-Genève, Masson et Edit. Médecine et Hygiène, 1976, pp. 20 et ss.

[8] Robert, Ph. et Faugeron, Cl., *Les forces cachées de la Justice*, Paris, Edit. Le Centurion, 1980, 100 et ss.

[9] *Op. cit.* (8), 102.

[10] *Op. cit.* (4). V. Introduction. On peut constater qu'en 1961 déjà, Cressey notait que ce qui deviendra de plus en plus nécessaire est une «sociologie du renvoi» (a sociobiology of crime reporting) qui explique entre autres pourquoi les statistiques sont compilées comme elles le sont.

[11] Il importe évidemment de ne pas simplifier le problème et de reconnaître, d'une part, que les infractions qui présentent une atteinte directe à la personne et aux biens qu'elle possède, ont des résonances émotionnelles plus grandes qu'une infraction économique, dans la mesure surtout où celle-ci ne permet

pas de localiser clairement les victimes. En plus, on peut également croire que dans le cas de ces atteintes directes, la mise à l'écart (ou l'emprisonnement) apparaît tout naturellement comme le type de solution sécurisante, alors que ce fait est loin d'être aussi évident pour d'autres types de délinquants. On constate en fin de compte qu'il existe peu d'études détaillées sur ce thème qui nous permettraient de dépasser le niveau des généralités. D'autre part, il est également vrai qu'il est plus difficile pour les psychologues et psychiatres d'intégrer dans leurs perspectives des données qui ne sont pas directement liées aux demandes qui leur sont faites, et qui sont fatalement tributaires de leur clientèle. De nombreux problèmes se trouvent ainsi soulevés et nous aurons l'occasion d'y revenir.

[12] Cette idée est particulièrement développée par l'article déjà cité de Duclos, D., Projet éthique et positivisme dans la démarche sociologique de Durkheim, *Cah. Inter. de sociol.*, vol. LXX, 1981, 99.

[13] Nous voyons apparaître le problème que nous aurons à poser dans le chapitre suivant: celui d'une délinquance antérograde (c'est-à-dire dont les auteurs présentent une conscience morale ou éthique supérieure à celle de la moyenne du groupe) envisagée en opposition dans la délinquance rétrograde. Ce problème avait déjà été envisagé par Ferri et Durkheim mais nous paraît difficilement soluble dans le cadre de cette logique pénale.

[14] Beauvoir et Joule, *op. cit.* (19), 164-173.

[15] Nous rappelons que dans son analyse de la sanction pénale, De Greeff soulignait que celle-ci ne pourrait dépasser le sens réducteur qui la caractérise que dans la mesure où les agents du système pénal réintègrent la notion de responsabilité dans un mouvement par lequel celui qui juge, ou l'instance en fonction de laquelle le jugement a lieu, accepte de dépasser cette perspective axée sur la défense et sur la culpabilisation, et se mette en cause comme «lieu» d'une responsabilité possible. En d'autres termes, qu'un tel système accepte de relativiser son point de vue. Seule une telle démarche est susceptible d'introduire une réciprocité donnant à la responsabilité vécue un sens qui ne résulterait pas d'une imposition ou d'une projection intentionalisante (v. *Les instincts de défense et de sympathie*, Paris, P.U.F., 1947. La notion de justice, pp. 33 et ss.).

[16] Ball-Rokeach, S.J., Normative and deviant violence from a conflict perspective, *Social Problems*, vol. 28, n° 1, oct. 19, 45-61.

[17] Nous utilisons ici le terme de violence dans un sens large. Il suppose que l'une des parties impose en quelque sorte son point de vue à l'autre parce qu'elle dispose du pouvoir effectif de le faire. Nous verrons dans les exemples que nous donnerons ce que cela signifie.

[18] En guise d'exemple: une de ces vexations obligeant à un comportement de soumission et permettant un contrôle périodique, est cette exigence, relativement banale, citée au cours d'un procès en divorce, émanant d'un mari, conducteur d'autobus dont le parcours passait dans sa rue et qui obligeait sa femme à se mettre à chaque passage devant sa fenêtre et à le saluer.

[19] Nous venons de revoir au cours de la rédaction de ce chapitre, le livre de Louk Hulsman et Jacqueline Bernat de Celis, *Peines perdues, le système pénal en question*, Paris, Le Centurion, 1982, qui comporte un certain nombre d'exemples de cet ordre.

[20] Chance, M., *op. cit.*, ch. 1, 528.

[21] C'est à ce niveau qu'une analyse psychanalytique nous paraît être du plus haut intérêt, parce que cette peur de perdre le pouvoir (ou d'être écrasé par le pouvoir) trouve ses racines dans des fantasmes très primitifs qui donnent dès lors aux réactions émotionnelles et affectives susceptibles de se produire à ces occasions, une dimension irrationnelle qu'il serait dangereux de méconnaître.

[22] a) Colin, M., Contrôle et autorité dans les institutions de traitement, *Bulletin du C.I.C.C.*, Gênes, 1976, ainsi que Buffard, S., Elchardus, J.M., Gillet, M., Quenard, O., Est-il dangereux de se pencher? dans *Dangerosité et Justice pénale*, Genève-Paris, Masson, 1981, 161-177.

b) Cormier, B., *The Watcher and the Watched*, New York, Undra books, 1975.

[23] Ball-Rokeach, *op. cit.* (16).

[24] Il en est autrement des «excès» de ceux dont les pouvoirs se situent à des niveaux moins «locaux», mais participent aux habitudes qui ont cours dans les milieux économiques ou étatiques; ils sont d'une difficulté plus grande à établir, la poursuite qui s'y rapporte suit dans le système pénal des voies plus exceptionnelles par rapport à ce que nous avons appelé la voie classique, et ceux qui s'y livrent ont à leur disposition des moyens de défense et de justification qui les rendent plus difficilement «atteignables». Nous rejoignons par ce biais la délinquance organisée qui, à l'intérieur du système socio-économique et de ses pratiques, utilise les failles, les silences et les complicités de la législation et des pouvoirs en place. Nous nous trouvons dès lors devant un rapport de force infiniment plus complexe, et que généralement les psychologues préoccupés par les cas individuels, ne connaissent pas, ce qui leur permet de faire l'économie d'une prise en considération du contexte socio-politique pour ne poser le problème qu'à partir du contexte psycho-social en termes de failles de personnalité ou de pathologie individuelle ou sociale.

[25] Ball-Rokeach, *op. cit.* (16).

[26] C'est dans une perspective proche de celle que nous envisageons ici qu'une analyse a été faite par G. Houchon à partir d'un événement de la politique belge: Notes pour une sociologie immédiate de la réaction sociale organisée, *Revue interdisciplinaire d'études juridiques*, 1980, 4, 31-58.

[27] Il est évident qu'il s'agit d'une question qu'il importerait de reprendre plus en détail, et de le faire, entre autres à partir des contributions présentées au cours des Xe journées d'Etudes Juridiques Jean Dabin organisées par J. Verhaegen sur le thème: *Légalité et références aux valeurs* (Louvain-la-Neuve, 1980). Nous n'abordons ce thème que sous un aspect limité, dont la prise en considération nous paraît cependant essentielle.

[28] *Op. cit.* (19).

[29] Berkowitz, L., Is criminal violence normative behavior? Hostile and instrumental aggression in violent incidents, *Journ. of research in crim. and del.*, 1978, 15, fasc. 2, 148-161.

[30] L'article de Berkowitz est suivi d'un commentaire fait par H. Toch (normatively hostile?) et par L.A. Curis (violence, personality, deterrence and culture), v. *op. cit.* (29), 162-171.

[31] Cette question a été discutée d'une manière plus approfondie dans Debuyst Ch., Etiologie de la violence, Dixième conférence de directeurs d'Instituts de Recherches Criminologiques, Conseil de l'Europe, Strasbourg, 1973, 165-236.

[32] *Op. cit.* (29), 170.
[33] De Greeff, E., *Introduction à la criminologie,* Paris, P.U.F., 1947, 382-383.
[34] Cité par Casadamont, dans Criminologie de la violence ou violence de la criminologie? *Actions et recherches sociales*, Rev. Interuniv. de sc. et de pr. soc., 1981, n°s 1-2, 81.
[35] *Op. cit.* (34).

Chapitre IV
La notion d'infraction comme effort sociétaire de distanciation

L'analyse critique que nous venons de faire en considérant la notion d'infraction comme expression d'un pouvoir ne doit pas nous cacher qu'il s'agit en même temps d'une élaboration conceptuelle qui a permis à une émanation de ce même pouvoir (le pouvoir judiciaire) d'imposer une certaine distance[1] à l'égard des manifestations impulsives de vengeance que comporte la réaction sociale informelle (du genre de celle que nous avons décrite dans un paragraphe précédent) ou à l'égard des excès dans l'atteinte des droits individuels susceptibles de se produire. Nous avons parlé du double jeu du droit pénal. Ce terme n'implique pas nécessairement l'idée de duperie. Il nous réfère plus particulièrement à l'existence d'une contradiction ou plus exactement, à la juxtaposition de diverses significations dont l'une ou l'autre peut être particulièrement prévalente dans certaines circonstances sans supprimer cependant à l'institution cette profonde ambiguïté.

S'il nous paraît nécessaire d'introduire cette nouvelle dimension, c'est parce qu'elle a son importance dans la manière dont la connaissance de tout ce qui touche à la délinquance a pu se constituer, et dans les élaborations mises en place à partir de cette prise de distance pour introduire les diverses problématiques qui sont devenues courantes et dont la principale s'exprime dans la relation responsabilité / irresponsabilité. En d'autres termes, les niveaux d'analyse auxquels nous nous sommes situés jusqu'à présent nous ont permis d'atteindre le mouvement sous-jacent, non explicite, sur lequel tend à opérer ce processus de distanciation sans nécessairement y réussir et sans toujours parvenir à éviter d'être repris par ces mouvements sous-jacents. Mais il n'empêche qu'un tel processus existe, qu'il ne peut être identifié aux déviations qui en détournent le sens, et qu'à partir de lui de nouvelles problématiques ont pu surgir qu'il importe d'envisager en elles-mêmes.

Nous en relevons particulièrement deux : celle qui nous amène à poser le problème des infractions en termes dichotomisants : délits graves / petits délits; sujets dangereux / sujets non dangereux. Et ensuite, celle qui nous conduit à introduire les notions de responsabilité / irresponsabilité et, dans la mesure où l'on étend cette problématique, à expliquer le comportement délinquant à partir d'un facteur ou, dans la suite, de plusieurs facteurs, ce qui correspond en réalité, au début de la criminologie.

A. La possibilité de s'identifier ou non à l'auteur de l'acte, critère de catégorisation

On peut croire que la prise de distance qu'opère le pouvoir judiciaire à l'égard de la réaction émotionnelle manifestée par le groupe, ainsi que l'entrée en jeu d'autres éléments dans les décisions prises, aura nécessairement pour conséquence de susciter des tensions, de la part du groupe social, ou de susciter par rapport à ces décisions, à quelque niveau qu'elles se situent, des mécanismes réactionnels qui viseront tantôt à affirmer ou à amplifier tantôt à gommer le caractère délinquant que présente un comportement donné. En d'autres termes, cette prise de distance qu'imposent les principes pénaux à partir desquels les affaires sont traitées, établit un hiatus et crée dès lors un mouvement de va et vient entre le système judiciaire et le groupe social qui réagit aux décisions prises.

Si nous reprenons l'exemple de l'exhibitionniste donné précédemment, il est fort possible que, conduit devant le tribunal, ce dernier aurait considéré les faits comme peu graves et aurait pris une mesure en discordance avec cette extraordinaire dramatisation dont l'événement a fait l'objet dans la communauté restreinte où il s'est produit. Lorsque nous parlons, dès lors, de délits graves / petits délits, il ne s'agit pas de la manière dont les délits sont traités par le système judiciaire mais bien des représentations qu'a le groupe social de la gravité de ces délits en rapport avec la manière dont ils sont traités par le système. Ces représentations sont loin d'être stables. Elles varient selon les circonstances et selon les caractéristiques socioculturelles dans lesquelles elles viennent s'intégrer.

C'est du moins dans cette orientation que nous avons interprété les recherches de Robert et Faugeron[2] sur les représentaions de la justice et sur l'existence d'une ligne de démarcation qu'ils soulignent entre les manières de réagir aux infractions commises et de les situer dans un cadre de gravité en tenant compte de ces éléments.

Ce qui paraît être le principe de différenciation entre délinquance grave et délinquance légère est la possibilité qu'éprouve le sujet de s'identifier ou non à l'auteur de l'acte et d'entrevoir la probabilité d'être ou de devenir éventuellement lui-même auteur d'un tel comportement.

Dans la mesure où cette référence à soi-même est possible, l'acte délinquant tend à entrer dans la catégorie des actes peu graves, ou encore, des actes susceptibles de s'expliquer, et qui n'impliquent pas des «intentions» fondamentalement hostiles et irrecevables. Comme le soulignent Robert et Faugeron[3], pour la majorité, de tels actes, dès lors, requièrent de la part des autorités judiciaires une certaine compréhension; dans la mesure où elles ne la manifestent pas, ces autorités seront considérées «comme ayant la main trop lourde», alors qu'au contraire, elles apparaissent comme inopérantes ou comme trop peu répressives à l'égard de ce qui est considéré comme grands délits.

Cette possibilité d'autoréférence aurait dès lors pour conséquence une atténuation du processus intentionnalisant ou réducteur lié au fait que le sujet est susceptible de se reconnaître dans l'acte commis ou en tout cas, de reconnaître qu'un certain nombre de circonstances rendent cet acte compréhensible. Par contre, l'absence de toute possibilité d'autoréférence fait effectivement du «délinquant» un «autre», c'est-à-dire qu'elle renforce sa différence et fait jouer à plein le processus intentionnalisant et réducteur. Dès lors, de part et d'autre, là où il y a accentuation ou atténuation des processus réducteurs et différentiateurs, nous nous trouvons devant des mécanismes qui déterminent la perspective dans laquelle les données «objectives» viendront prendre place[4].

Une telle constatation, qui résulte de cette enquête, ne devrait pas nous étonner parce qu'elle correspond parfaitement à la psychologie implicite selon laquelle l'homme élabore ses représenations et à laquelle nous nous sommes déjà référés[5]. Selon cette psychologie implicite, l'attribution de gravité qu'un acte présente ne découle pas de critères objectifs, mais nous réfère à une logique propre qui conduit le sujet à établir une distance maximale entre la délinquance perçue comme inacceptable, parce que sans correspondance avec son univers vécu (ou avec sa Weltanschauung), et d'autre part la délinquance acceptable qui pourrait, dans une certaine mesure, être la sienne. Cette distinction entre délinquance grave et non grave est donc le reflet de cette possibilité ou non d'autoréférence. Elle présentera deux conséquences : la mise en avant de griefs que les membres du groupe social manifesteront à l'égard du système pénal, et qui, avec l'accroissement des difficultés de la vie, seront suffisamment nombreux pour que l'on puisse déclarer ce système en crise[6]. Mais d'un autre côté, ce même mouvement détermine une nouvelle répartition des caractéristiques positives et négatives à partir desquelles se constituent les élaborations cognitives sur la délinquance et sur les délinquants. Les vrais délinquants sont effectivement ceux qui sont « autres ».

De ces représentations portant sur l'opposition entre délits graves / délits légers, nous passons tout naturellement à la notion de dangerosité et à la dichotomie individu dangereux / individu non dangereux. Sans doute sera-t-on étonné de retrouver ainsi cette notion de dangerosité qui a pu être considérée comme centrale en criminologie et paraît résulter d'un examen objectif de personnalité. En fait, le détour par lequel nous retrouvons cette notion nous paraît la resituer plus correctement. Ou du moins, il nous permet de comprendre que le statut scientifique de cette notion est ambigu[7], parce que, dès l'abord, juger quelqu'un dangereux apparaît comme la première expression d'une peur, ou encore, constitue un instrument d'emprise que possède le pouvoir sur une population ainsi étiquetée. Nous nous trouvons reportés, dès lors, aux processus d'attributions et aux dichotomisations opérées entre ceux qui sont « semblables » et ceux qui sont devenus « autres » ou sont considérés comme tels.

Dans les travaux cliniques de Colin et Hochmann[8] sur la dangerosité, les termes utilisés sont très comparables à ceux que nous avons notés dans l'enquête de Robert et Faugeron; ce qui différencie le délinquant perçu comme dangereux de celui qui ne l'est pas, c'est que le comportement de ce dernier soulève sans doute un débat avec le groupe social, mais un débat qui admet encore la réplique, parce que la rencontre apparaît comme toujours possible et que le groupe social, s'accommodant d'une certaine marge, à définir, d'illégalité, préserve «une situation telle que l'individu même délinquant, se reconnaît un prolongement dans le groupe et le groupe une résonance dans l'individu»[9]. Une telle ligne de démarcation passe à travers toutes les infractions et le lieu où elle se situe varie selon les milieux et les époques. De ce fait, l'attribution de cette étiquette de dangerosité dépend de nombreuses variables qui sont loin de se limiter aux faits connus ou à la personnalité de son auteur.

Elle dépend entre autres de l'utilisation qu'en fait le pouvoir. Colin et Hochmann envisagent en guise d'exemple une infraction particulière (les attentats contre l'Etat) et montrent que la gravité de celle-ci (et par le fait même, la dangerosité de l'auteur) varie selon le sentiment qu'a l'Etat de sa propre légitimité. Lorsque l'Etat a le sentiment d'être représentatif de la majorité, il manifeste une grande tolérance à l'opposition. Au contraire, lorsque la légitimité paraît fragile, ou liée au destin d'un groupe minoritaire, tout comportement d'opposition sera qualifié d'attentat dangereux pour la sécurité publique et fera l'objet d'une dramatisation permettant l'utilisation d'un tel vocable, ainsi que les mesures qui «légitimement» en résultent.

Foucault[10] a élargi et a nuancé cette perspective en suggérant que de pareilles distinctions, avec ce qu'elles impliquent, prennent place dans le cadre d'une gestion différentielle des illégalismes, et que le pouvoir utilise dans cette perspective les réactions émotionnelles face aux infractions classiques vécues comme graves et leurs auteurs comme dangereux. Celles-ci, en effet, reçoivent un statut particulièrement marqué par une lourde sanction pénale; ce marquage n'est pas seulement l'expression de ce qu'une valeur du groupe a été transgressée, mais traduit également une réalité sous-jacente dans l'ordre des techniques de domination.

En d'autres termes, nous retrouvons les remarques de Landreville selon lequel les différentes lois axées sur la notion de dangerosité (et un droit pénal qui intègre cette notion dans ses dispositions), remplissent plus particulièrement une fonction symbolique en tant qu'elles rencontrent les craintes des sujets et donnent l'impression qu'elles se préoccupent d'eux, qu'elles répondent à leurs peurs[11]. Et d'autre part, elles jouent également une fonction idéologique : ce que les pénalistes appelaient la valeur exemplative de la peine prend place dans la volonté objective qu'a le pouvoir d'utiliser les catégories de « sujets dangereux » qu'il se constitue, comme instrument de menace permettant en même temps de renforcer sa mainmise et d'ouvrir une zone de tolérance contrôlable.

Nous pouvons donc dire que cette distance prise par rapport à une réaction immédiate, et dont nous avons souligné l'importance, se trouve ainsi annulée par les exigences du groupe social qui, tout particulièrement à certains moments, exige d'être protégé; elle se trouve également annulée par l'utilisation que fait le système judiciaire de la notion de dangerosité qui, malgré l'effort manifeste depuis les positivistes italiens de lui donner un statut scientifique, ne parvient pas à se dissocier des pratiques politiques auxquelles une telle notion fut liée dès l'origine. Un tel fait n'est pas sans poser problème au sein des juristes, parce que le lieu mis à découvert par cette distance prise est également celui où une reconnaissance des droits de l'homme est susceptble de se concrétiser. Nous n'avons pas à approfondir ce point. Il importait néanmoins de le situer là où il nous paraît prendre place.

B. La pathologisation: autre relais de la prise en charge ou autre lecture

Peut-on dire que cette prise de distance a donné lieu à d'autres réorganisations du champ? Ce fut effectivement le cas en permettant d'introduire la dichotomie responsabilité / irresponsabilité, et en faisant reposer l'utilisation de ces notions sur un savoir psychiatrique et psychologique. Cette deuxième réorganisation, en effet, nous paraît également fondamentale dans le développement qu'elle a déclenché et repose sur la pathologisation du comportement.

Pathologiser signifie que l'on situe la cause du comportement en dehors de la volonté du sujet et implique dès lors une rupture d'avec ce que nous avons appelé une interprétation intentionalisante et par le fait même réductrice.

Il importe d'abord de noter qu'à partir du moment où le droit pénal classique situait un des éléments constitutifs de l'infraction dans le libre-arbitre ou l'intention (la volonté libre) de commettre l'acte interdit par le code pénal, il en résultait automatiquement que le malade mental, s'il lui arrivait de commettre un acte délinquant, se trouvait exclu du système pénal dans la mesure où il était impossible au juge de lui reconnaître une volonté libre. Une autre manière d'organiser la réaction sociale devenait nécessaire où cette fois les gestionnaires de cette réaction deviendraient les psychiatres.

Mais cependant, comme le souligne Castel[12], si le problème de la responsabilité du malade mental s'est posé (et par le fait même, sa prise en charge dans l'un ou l'autre des deux systèmes à travers lesquels la réaction sociale s'organise), c'est aussi parce que le courant psychiatrique du début du XIXe siècle n'a pas seulement investi cette zone évidente de la maladie mentale que constituaient, selon la définition classique de Locke, les «désordres de l'entendement», mais aussi ces états plus discutables et moins «visibles» pour les «non-spécialistes», que sont les troubles de la volonté ou de l'affectivité. C'est pour répondre à de pareilles incertitudes que le médecin-psychiatre a pris place comme expert auprès des tribunaux et qu'une collaboration s'est établie entre juge et psychiatre, collaboration nécessaire sans doute, parce que reposant sur la logique même de la loi, mais collaboration en même temps difficile parce qu'elle se situait dans cette zone incertaine où le raisonnement psychiatrique pouvait apparaître au pouvoir judiciaire comme l'expression d'une usurpation ou d'un abus possible.

Ici encore, il nous paraît nécessaire de ne pas avoir une vue trop unilatérale, et d'admettre que cette prise de distance (que constitue indiscutablement une interprétation en termes pathologiques, obligeant à suspendre une interprétation culpabilisante et réjectrice sommaire) n'a pas eu comme seule signification le transfert d'une prise en charge à une autre. Ce serait trop simple de l'affirmer. Tout comme la distance prise par la réaction pénale porte en elle le fait de reconnaître certains droits à l'accusé, même si une telle reconnaissance, ainsi que nous l'avons vu, est en quelque sorte annulée par les a priori sur lesquels repose le système pénal. On peut dire de la même manière que la réaction psychiatrique, et dans la suite psychologique et même criminologique, comportent également la prise en considération d'un «point de vue» propre, celui du sujet accusé et condamné, avec, bien sûr, toutes les variations liées aux cadres théoriques soutenant ces diverses disciplines. Mais ici et encore plus essentiellement, l'ambiguïté réside dans le système où un tel rapport se déroule, dans l'élaboration des concepts nécessaires et dans la perversion des pratiques qui en découlent.

Si nous reprenons la perspective de cette psychiatrie naissante (particulièrement la psychiatrie morale de Pinel, Esquirol, etc...), les analyses faites à propos des cas «ambigus» ne se situaient pas uniquement dans une politique visant à pathologiser le cas en vue de le faire entrer sous l'obédience psychiatrique. Elles se situent également dans une visée qui consiste à opposer à l'interprétation pénale, qui se révèle à un certain niveau fondamentalement réductrice, des éléments susceptibles de fournir *une autre interprétation*, dont il importerait de tenir compte et qui paraît adéquate et plus respectueuse d'une certaine réalité non pas seulement «objective» ou scientifique, mais aussi subjective, c'est-à-dire effectivement vécue par le sujet; et qu'une telle perspective devrait se traduire dans l'attitude prise à son égard. Ce n'est pas un hasard si, dans ces débats qui opposaient pénalistes et psychiatres, ces derniers étaient bien souvent amenés à devoir se défendre contre les accusations de «couvrir» le crime ou de couvrir les immoralités de façon à détourner «le glaive de la justice» de ces «coupables» décrits en termes fondamentalement négatifs[13]. La *lecture* des psychiatres constituait également un autre type de lecture que la lecture pénale des faits, une lecture plus «ouverte».

Mais la traduction de cet autre type de lecture dans la réaction sociale formelle apparaissait comme particulièrement difficile dans un système répressif constitué par cette opposition responsabilité / irresponsabilité, la première de ces notions traduisant l'exigence d'une punition, d'une réduction à l'état de sujet sanctionné, diminué, la seconde, exigeant la mise en place d'un système de contrôle d'un autre ordre, ainsi que la mise au point d'un ensemble d'outils conceptuels susceptible de donner à ce contrôle à la fois son efficacité et sa légitimité.

Dans ce sens, il est vrai de dire que le contrôle psychiatrique s'est constitué en contrepoint du contrôle pénal, et que la place qui lui était impartie par l'article 71 du Code pénal français a fait l'enjeu d'une pression continue en vue d'opérer un élargissement de ce champ et de développer un certain «ordre psychiatrique». Il est vrai également que dans la suite, la mise en avant de facteurs organiques ou constitutionnels, qu'ils soient liés aux possibilités de contrôle ou à la vie affective dans la compréhension de comportements décrits comme socialement inadaptés, a représenté une manière de poser le problème dans laquelle le sujet n'apparaissait plus que comme « réduit » à cette tare ou à ce déficit décrits en référence à une normalité. Une telle attitude impliquait effectivement l'élimination, dans la compréhension d'un comportement délinquant, de tout élément autre que les facteurs pathologiques (dans lesquels nous pouvons inclure ceux qui nous réfèrent à la pathologie sociale); l'étiologie du comportement se trouvait en quelque sorte « reconstruite » à l'extérieur du sujet, de ses désirs, et de la signification propre que pour lui cet acte était susceptible d'avoir et dont il était somme toute dépossédé.

Mais si cette deuxième perspective constitue une interprétation de l'intervention psychiatrique qui prend ainsi place dans une logique parfaitement cohérente, mettant l'accent sur l'organisation progressive des contrôles sociaux dans la ligne d'une reproduction du système social, elle ne nous permet cependant pas de gommer la première perspective qui, par moments, nous paraît être tout aussi présente. Tout comme l'affirmation des droits de l'individu à travers l'application des grands principes pénaux ne nous permet pas d'éluder les autres sens qui se trouvent connotés aux notions de peine et à tout ce que suggère un néo-beccarianisme.

Nous dirons pour conclure qu'il faut admettre que cette pluralité de sens nous oblige à rompre avec l'idée d'un raisonnement dont l'enchaînement logique nous maintiendrait à un même niveau d'intelligibilité. Un tel raisonnement se révélerait incapable d'intégrer cette contradiction possible des sens, si ce n'est en se livrant à une opération de réduction. L'existence des différents niveaux d'intention ou de motivation explicites ou implicites, subjectifs ou objectifs, nous amène à opter pour une logique de la surdétermination. En d'autres termes, une même réaction peut avoir simultanément deux significations qui néanmoins paraissent contradictoires parce qu'elles appartiennent à deux ordres de nécessités qui sans doute s'avèrent opposés mais dont l'un peut, dans un contexte précis, dominer l'autre ou peut d'une certaine manière utiliser l'autre ou s'étayer sur l'autre. Néanmoins, les deux restent simultanément présents dans une relation complexe, mais d'une présence qu'il importe également de reconnaître, et dont il importe également de reconnaître la dynamique et la valeur propres. C'est ici que l'analyse de certains auteurs nous paraît insatisfaisante en ce sens qu'elle prend comme point d'attaque une perspective dans laquelle l'opération de dévoilement ne s'ordonne que par rapport à un seul enchaînement logique dans lequel, effectivement, s'inscrit une politique déterminée. Elle se révèle d'une efficacité remarquable au niveau d'une analyse théorique, mais elle en arrive en même temps (et c'est peut-être à ce prix qu'elle paie leur efficacité) à occulter d'autres enchaînements susceptibles de dévoiler d'autres sens, que dans un deuxième temps, il serait heureux de retrouver, en vue de déterminer le type d'alternatives dans lesquelles il serait possible de progresser.

On peut dire — et nous ne serons ici que très sommaire — que c'est dans un tel contexte, avec toutes ses ambiguïtés et ses contradictions, que la criminologie est apparue. Celle-ci se caractérisait non pas nécessairement par un effort de pathologisation du comportement, c'est-à-dire par une rupture d'avec une vision fondamentalement intentionnalisante, mais plus largement, par une «factorialisation» de celui-ci, c'est-à-dire une explication de celui-ci à partir du jeu d'une pluralité de facteurs.

Il est certain que la criminologie s'est présentée au départ comme une meilleure manière de «réduire» la délinquance en s'attaquant à ses causes (et c'est en cela qu'elle s'est définie comme discipline scientifique liée à une explication de type causal). Dans une telle orientation, elle a cherché effectivement à briser comme inadéquat ce cadre dans lequel fonctionnait le droit pénal: responsabilité / irresponsabilité, et à le remplacer par un autre cadre qui serait celui d'une explication de tout comportement par les facteurs qui le déterminent, pour pouvoir élaborer à partir de là une politique criminelle. En réalité, par la perspective qu'elle a introduite, on ne peut pas dire qu'elle ait dépassé cette dichotomisation responsabilité / irresponsabilité. Elle l'a plus simplement réorganisée à partir du deuxième pôle, en généralisant l'explication causale à l'ensemble de ce qui était défini comme comportements délinquants, en liant ceux-ci à diverses pathologies et en les considérant comme données objectives directement atteignables comme n'importe quelle autre donnée.

En cela, de par son origine et dans une grande partie de son développement, la criminologie ne se dissociait nullement d'une perspective dont l'essentiel était axé sur la mise en place d'un contrôle de type répressif. Il est en effet illusoire d'imaginer que l'analyse criminologique puisse se maintenir au niveau de la description d'un donné brut qui serait « l'acte délinquant » ou « la personnalité du délinquant ». Elle envisage presque nécessairement ce donné en relation avec une certaine conception du contrôle social. Aussi, lorsque Sutherland affirme qu'en criminologie, « un système de pensée comporte à la fois une théorie de la causalité criminelle et une politique de contrôle découlant de la théorie de la causalité »[14], le lien entre ces deux démarches existe dans les deux sens: c'est sans doute la théorie de la causalité criminelle qui détermine la politique de contrôle, mais c'est également la politique de contrôle qui déterminera la manière de poser les problèmes de causalité.

On ne doit pas s'étonner, dès lors, de ce que l'apport d'une criminologie causaliste s'est relativement bien intégré dans un droit pénal dominé par la notion d'une responsabilité et d'une culpabilité établies a priori. En réalité, la conception que les uns et les autres ont du contrôle social repose sur la nécessité d'un cadre de référence unique, ou d'un point de vue unique, ne pouvant d'aucune manière être mis en cause parce que représentant ou bien la loi ou bien la normalité, de sorte que l'acte délinquant n'a pu apparaître que comme une déficience ou un comportement négatif par rapport à cette norme[15].

Néanmoins, ici encore, il ne serait pas exact de réduire la criminologie à cette dimension. Dans l'évolution qu'elle a connue, depuis les analyses du Dr De Greeff et dans leur développement ultérieur auquel nous avons fait allusion à diverses reprises, une attention s'est progressivement portée sur le fait qu'il existait un autre «point de vue», celui du délinquant ou du «transgresseur de norme». Celui-ci n'était pas seulement l'expresion d'un manque ou d'un déficit, mais aussi celle d'une situation vécue comme problématique et qui s'inscrit, dans ses relations avec le pouvoir, dans une dialectique déformante. C'est une telle perspective qu'il importerait de développer en clinique, en opérant un dépassement d'une pensée causaliste trop sommaire et en en tirant les conséquences.

C. **En conclusion: la criminologie clinique et les choix qui se posent**

Nous nous limiterons, dans ce paragraphe, à un certain nombre de points qui nous paraissent primordiaux et qui nous permettront de situer la démarche que nous avons suivie par rapport à une perspective criminologique plus large.

1. Nous avons sans doute mis l'accent sur le jeu de la réaction sociale (entendue sous ses différentes formes), et c'est de cette manière que nous nous sommes engagés progressivement dans l'étude de notre objet. On pourrait

sans doute objecter, comme certains l'ont fait[16], qu'il existerait là une erreur de cible, du fait que la préoccupation centrale devrait être le comportement délinquant, et que la réaction sociale n'en est que la conséquence, de sorte qu'en prenant cette dernière comme point de départ, on ne pourra jamais atteindre un tel comportement dans son originalité, ou dans ce qui le constitue au sens propre.

Ceci représente effectivement une objection et nous n'avons nullement l'intention d'opérer une réduction du comportement délinquant à la réaction sociale. Mais il n'empêche qu'une telle objection n'est recevable que si elle introduit des nuances importantes. Il importe, en effet, de reconnaître que la réaction sociale, par le fait même qu'elle détermine à l'avance le champ dans lequel un comportement ou une inter-relation se déroulent, fait à ce point partie des éléments constitutifs du comportement que l'on ne peut l'en séparer, et que dans le cadre d'une perspective clinique, ce serait une erreur grave de l'en séparer.

Tous les débats auxquels nous avons fait allusion en approfondissant la notion d'infraction, et qui nous ont référés aux mécanismes d'attribution, ou aux jeux du pouvoir, ou au processus de distanciation avec tous les aléas et les détournements susceptibles de s'y opérer, ne constituent pas de simples discussions abstraites qui nous écarteraient de toute clinique[17]. Il s'agit au contraire d'éléments qui représentent la toile de fond sur laquelle se constituent les représentations que l'on a de la justice et de ses réactions probables; par le fait même, ces éléments représentent ce par rapport à quoi les transgressions (ou le comportement en tant que constituant une transgression) acquièrent pour le sujet une certaine consistance, deviennent une réalité vécue, et ce à travers les processus de justification qui en résultent de sa part, de rationalisation, ou encore à travers la mise en place d'éventuels systèmes de défense.

C'est, en d'autres termes, à ce niveau que nous retrouvons les rapports de l'homme avec la loi, et les débats qu'il vit à propos de sa transgression. Une telle dimension n'est atteignable que si l'on cherche d'abord à préciser ce qu'est effectivement cette loi pour la société qui l'élabore et qui l'applique, aux différents niveaux.

2. Il semble en plus que la justification de notre point de départ réside dans les conclusions de notre premier chapitre. Toute démarche scientifique peut être considérée comme un «regard porté sur». Nous avons vu d'une manière suffisamment claire que ce regard ne nous permet pas d'atteindre cet objet non problématique que l'on imagine. Il sous-tend au contraire une interprétation, ou constitue une grille à partir de laquelle le donné est lu. Or, dans le secteur qui nous intéresse, ce *regard porté sur* est intimement lié à la réaction sociale, de sorte que devient nécessaire en criminologie une analyse du point de vue qui s'est constitué et que l'on ne peut atteindre qu'en partant de cette réaction sociale, à laquelle se rattache nécessairement la perspective du juge, du psychologue, du psychiatre, même s'il cherche à prendre par rapport à ce point de vue, ses distances.

Ce qui nous a d'ailleurs paru frappant dans les descriptions faites par la criminologie clinique, est la mise en lumière du caractère particulier de l'optique à partir de laquelle le délinquant voit le monde, autrui, lui-même, etc... Les cliniciens,[18] et à juste titre, ont insisté sur ce fait, et nous l'avons soutenu nous-mêmes. Mais tout se passe comme si le fait d'avoir une optique particulière était exceptionnel et en opposition à une appréhension objective qui serait la norme. Or, on sait très bien que par rapport à la délinquance et aux délinquants, il n'est pas simple d'avoir une appréhension objective. Et ici encore, la démarche que nous avons suivie le démontre clairement. La perspective déformée que les délinquants ont sans doute du monde constitue une première affirmation. La perspective déformée que ceux qui participent à la réaction sociale ont du délinquant constitue une deuxième affirmation. Il ne nous paraît possible d'atteindre la première qu'en prenant conscience de la seconde et en voyant de quelle manière l'une et l'autre sont susceptibles de s'articuler.

3. Ici encore, nous devons en revenir à ce qui a été dit ultérieurement. Il nous paraît effectivement possible de limiter son objet au délinquant, à sa personnalité, ou à différents aspects facilement maîtrisables ou contrôlables. Dans ce cas, nous pouvons dire que le criminologue ou que le chercheur se constitue une vue « utile » de cette réalité criminologique en vue de pouvoir la contrôler dans le sens où le groupe social le demande. Une telle attitude permet de faire l'économie d'une série d'aspects et justifie que le phénomène criminel — comme d'ailleurs l'auteur d'actes délinquants — soit réduit à ce dont la prise en considération est nécessaire pour que le système pénal puisse gérer la « sécurité collective ». C'est dans ce sens que nous avons indiqué que l'examen de personnalité s'intégrait dans une « action sur l'objet », et que ce qui dit action sur l'objet, dit aussi que l'on ne retiendra que les caractéristiques qui permettront cette action. Les autres seront négligées.

Le problème consiste à savoir si la criminologie se limite essentiellement à une vue utilitaire qui repose sur la reproduction du jeu social tel qu'il existe. Dans l'ordre de la connaissance, nous pouvons dire que c'est indiscutablement une étape, et que toute connaissance est toujours, dans une certaine mesure, liée à l'utilité qu'elle présente, que ce soit pour l'animal, pour l'homme et pour le groupe. Mais à partir du moment où trop d'éléments paraissent être en contradiction ou deviennent problématiques dans le cadre où ils se situent, il paraît nécessaire de s'interroger sur les choix qui ont été faits, et de voir si ce n'est pas le cadre lui-même que l'on pourrait considérer comme problématique.

NOTES

[1] On peut paraître étonné de l'importance que nous accordons à ce mouvement par lequel nous *prenons distance*, et de ce que cette notion nous serve ici de point central. Il ne faut pas oublier que dans toute connaissance que l'on peut avoir, dans tout progrès que l'on peut espérer à ce niveau, cette possibilité de prendre et de maintenir distance est d'une importance fondamentale parce qu'elle nous permet d'adopter une attitude critique et de prendre conscience d'une pluralité de points de vue. Nous pourrions reprendre ce qui, selon Popper, différencie Einstein d'une amibe (voir *supra*).

[2] Robert Ph. et Faugeron, C., *La justice et son public*, Genève-Paris, Edit. Médecine et Hygiène - Masson, Coll. Déviance et Société, 1978.

[3] *Op. cit.* (2), p. 82.

[4] Il importe d'ajouter une nuance qui nous paraît importante. Selon Robert et Faugeron (111), si de pareils mécanismes paraissent jouer pour l'ensemble de l'échantillon sur lequel a porté leur recherche, la manière dont les diverses infractions sont réparties entre délits graves et non graves varie considérablement selon les variables que l'on doit bien appeler idéologiques, ou, pour utiliser un terme plus large, selon les conceptions de vie et de la société que présentent les sujets (leur Weltanschauung), de sorte que l'on ne peut parler de consensus que d'une manière très limitée. Nous n'entrerons pas dans les analyses typologiques que les auteurs présentent à ce point de vue; disons néanmoins que celles-ci révèlent des lignes de tension qui ne paraissent pas être accidentelles ou liées à des considérations ponctuelles relatives à telle ou telle infraction particulière. Elles soulignent au contraire l'existence de clivages liés d'une manière plus générale aux attitudes morales, éthiques ou sociales.

[5] Wegner et Vallacher, *op. cit.*, ch. 2, (29).

[6] *Op. cit.* (108), pp. 75 et ss.

[7] Houchon, G., La situation dangereuse: aspects micro-sociobiologiques, dans *Dangerosité et Justice pénale*, Paris-Genève, Masson, Médecine et Hygiène, 1981, pp. 123 et ss.

[8] Colin, M., et Hochmann, J., Diagnostic de l'Etat dangereux, dans Colin, M., *Etude de criminologie clinique*, Paris, Masson, 1978.

[9] *Op. cit.* (8), p. 33.

[10] Foucault, M., *Surveiller et punir*, Paris, Edit. Gallimard, 1975.

[11] V. particulièrement à ce point de vue, Landreville, P. et Petrunik, M., Le «délinquant dangereux» dans les législations nord-américaines, dans *Dangerosité et Justice pénale*, Paris-Genève, Masson, Médecine et Hygiène, 1981, pp. 219 et ss., ainsi que dans le même ouvrage, d'un point de vue historique, Rico, J., Les législations hispano-américaines de dangerosité sociale. Evolution et signification, pp. 231-257.

[12] Castel, R., *L'ordre psychiatrique*, Paris, Edit. Minuit, 1976.

[13] V. entre autres Leuret, «Affaire de monomanie homicide», *Annales d'Hygiène publique et de Médecine légale*, 1833, 9, 438 ou encore 1834, 12, 127. Il faut reconnaître que si à l'époque, les psychiatres prenaient volontiers cette position et étaient suspectés par les juristes de «cautionner» la délinquance, il n'en était plus de même cinquante ans plus tard, c'est-à-dire après que ce soit développée une conception de la délinquance axée sur des facteurs constitution-

nels (dégénérescence, perversité constitutionnelle, criminel-né). A cette époque, le discours des psychiatres met au contraire les magistrats ou les administrateurs en garde contre les illusions qu'ils pourraient avoir et les dangers que celles-ci présentent pour la sécurité collective (V. Forel, 1900, cité par Montandon, C., «Justice et psychiatrie: origine et développement de leurs relations à Genève», rapport présenté à l'*Interlabo*, Faculté de Droit, Univ. de Genève, janvier 1981). C'est, nous semble-t-il, à travers l'histoire des rapports de la psychiatrie et de la délinquance, que cette oscillation entre deux pôles nous paraît exprimer le mieux cette ambiguïté que nous avons soulignée.

[14] *Principes de criminologie*, Paris, Edit. Cujas, 1966, p. 60. Cette perspective, prise en criminologie, a déjà été précisée dans: a) Debuyst, Ch., Une criminologie de l'étiquetage ou une criminologie du passage à l'acte? Un problème que nous pose l'attitude clinique du Dr E. De Greeff, *Annales internationales de criminologie*, 1973, vol. 12, n° 1 et 2, 283-290.
b) Debuyst, Ch., Les conceptions criminologiques de la culpabilité, *Annales de l'Université des Sc. Soc. de Toulouse*, 1976, Tome XXIV, fasc. 1 et 2.

[15] Nous rappelons que dans la perspective évolutionniste des positivistes italiens, un criminel normal ne peut exister, parce que l'homme vraiment normal ne commet pas de délit. Il y a là, selon Ferri, une impossibilité psychologique. La notion d'adaptation sociale devient dès lors équivalente à celle de normalité. Une conception comme celle-là, reprise par certains psychiatres comme Dupré et son concept de pervers constitutionnel, nous réfère sans doute à la dimension biologique. La question n'est pas tellement différente lorsque d'autres facteurs sont en cause et que le jeu de ceux-ci se trouve concrétisé dans la notion de personnalité criminelle. Celle-ci aussi met très nettement l'accent sur les aspects déficitaires d'une personnalité se traduisant, à l'occasion du passage à l'acte, par un manque ou une incapacité d'adaptation, ce manque ou cette incapacité constituant le problème majeur auquel il importe d'être attentif.

[16] Largier, P., et Normandeau, A., Dangerosité et justice: la peur du criminel ou la peur de la criminologie?, *Criminologie* (Montréal), XXV, 2, 1982, 105.

[17] C'est ainsi qu'il nous paraît sommaire d'affirmer qu'une telle attention nous fait déboucher sur des considérations socio-politiques ou idéologiques, en sous-entendant que celles-ci sont nécessairement d'un ordre qui n'aurait plus rien à voir avec la clinique (v. *op. cit.*, 15). C'est là une déduction à la fois rapide et facile qui ne tient aucun compte de cette nuance que nous venons d'apporter (v. également, le point 3 de ces conclusions).

[18] Il ne nous paraît pas utile d'indiquer les cliniciens qui dans ce domaine nous ont donné des vues pertinentes, depuis De Greeff, Redl, Mailloux, etc. Là où, cependant, nous retrouvons de la manière la plus nette cette élaboration d'un «monde intérieur délinquant» sans aucune référence aux déformations qui pourraient caractériser le «monde intérieur non délinquant» présenté automatiquement comme exprimant la norme et l'objectivité sur les choses, se retrouve dans les volumineux ouvrages de Yochelson, S. & Samenow, S.E., *The criminal personality*, New York, Jason Arinson, vol. 1, 1976, vol. 2, 1977.

Chapitre V
Les règles morales et l'ambiguïté d'une référence aux valeurs

Si nous sommes amenés à poser le problème de la morale, c'est parce que celui-ci se situe tout naturellement dans la ligne que nous avons suivie jusqu'ici, si du moins nous donnons à ce terme la signification classique que lui donne le dictionnaire : un ensemble de règles de conduite. Dans la mesure où nous nous plaçons dans la perspective de la réaction sociale qui fait de la règle pénale le cadre à travers lequel un individu est appréhendé ou est «vu», le problème est susceptible de se poser en termes assez comparables lorsqu'il s'agit de la règle morale. D'autant plus comparable que les moralistes eux-mêmes considèrent que la transformation d'un acte moralement répréhensible en infraction (c'est-à-dire en acte punissable) constitue une sorte de soutien à l'obligation morale, ou donne à celle-ci une forme contraignante.

Il importe évidemment d'être prudent dans l'extension que nous donnons ainsi au champ que nous devons parcourir. En réalité, nous ne voulons aborder ce problème que dans la mesure où il prend place dans la problématique épistémologique telle que nous l'avons posée et qui, à ce niveau, nous paraît comporter deux versants : d'une part, les règles morales constituent des codes à partir desquels le comportement d'un chacun est susceptible d'être jugé. Elles nous réfèrent à une instance évaluatrice et dans ce sens, l'image d'un « tribunal » reste celle qui, à ce point de vue, constitue l'arrière-fond toujours présent, c'est-à-dire un lieu dans lequel l'inter-relation reste dominée par la réduction de l'une des parties au comportement commis dans lequel il se trouve en quelque sorte figé. A ce point de vue, instance judiciaire et instance morale sont effectivement proches l'une de l'autre. D'autre part, le deuxième versant qu'implique notre analyse est constitué par la situation particulière de celui qui se trouve placé sous un tel « regard », et sur les justifications qu'il se donne ; par le fait même, aussi, sur les éléments à partir desquels de telles justifications peuvent effectivement se soutenir et dont la prise en considération permettrait une solution au débat qui soit à la fois non réductrice et tienne compte du caractère problématique que la transgression pose effectivement au groupe.

En d'autres termes, ici encore et de la même manière que dans les autres chapitres, la démarche suivie consiste à prendre le point de vue de la réaction sociale, et à situer, à l'intérieur de ce point de vue, les biais par lesquels la situation d'ensemble se trouve faussée et dont le jeu vise à (ou permet d') occulter un certain nombre d'éléments qui la constituent.

Si nous avons été amené à poursuivre de la sorte notre démarche, c'est qu'en plus d'une justification logique, la littérature criminologique, dès le XIXe siècle, s'est heurtée à une difficulté majeure qu'elle a laissée non résolue : celle qui touche à ce que Durkheim[1] a appelé la délinquance antérograde par opposition à la délinquance rétrograde. C'est-à-dire qu'un comportement jugé délinquant peut apparaître dans la suite comme se situant à un niveau moral supérieur à celui (ou autre que celui) auquel se situait le niveau moral du groupe, de sorte que le regard porté sur la transgression commise et définie comme telle par la conscience collective (avec toute l'ambiguïté que ce terme comporte) se trouve en quelque sorte modifié dans les décennies qui suivent, parce que s'est imposée une autre manière de l'appréhender qui résulte de la prise en considération d'autres valeurs ou d'autres exigences que celles dont tiennent compte les règles.

Il ne nous paraît pas possible de réduire cette question à celle d'une opposition entre valeurs «locales» dont les règles seraient l'expression, et valeurs fondamentales ou universelles que ces mêmes règles négligeraient, de sorte que la délinquance antérograde ne serait rien d'autre qu'un comportement qui s'ordonnerait à partir de valeurs plus fondamentales que celles qui ont cours, et qui se seraient trouvées dès lors occultées[2]. Dans l'optique que nous avons prise, le problème ne se pose pas seulement en termes d'une différence de niveaux entre valeurs. Nous chercherons plutôt à préciser ce qui donne ou non un certain «jeu» permettant de tenir compte du caractère antérograde, ou pour le moins non rétrograde qu'une transgression est susceptible d'avoir. Nous le verrons à travers deux points: le caractère fonctionnel toujours possible d'une référence aux valeurs, et par le fait même, l'utilisation abusive qui peut en être faite. Et d'autre part, le caractère équivoque du processus de socialisation et les deux significations que ce terme peut recouvrir.

A. Les valeurs, moteur d'un dépassement possible des droits

Il faut en effet remarquer qu'à partir du moment où nous nous situons dans une relation inégalitaire (et, comme nous l'avons vu, le fait de définir quelqu'un comme délinquant ou comme transgresseur d'une norme le situe automatiquement dans une situation d'inégalité), la référence à des valeurs risque de devenir directement ou indirectement l'expression d'un pouvoir, de telle sorte que toute référence devient à la fois facile ou difficile selon la fonction qu'elle jouera, ou qu'on lui fera jouer.

Pour éviter toute ambiguïté, il importerait de partir d'une définition; même si celle-ci n'est d'aucune manière satisfaisante, nous pourrions adopter une attitude «objectiviste» (qui représente d'ailleurs l'attitude la plus courante et la plus spontanée), et dire que la valeur désigne le caractère de ce qui mérite de l'estime[3], ou de ce qui représente un bien et déterminera, dès lors, l'orientation du comportement dans le sens du respect de ce bien ou de la manifestation de cette estime. Prise sous cet angle, ou vécue sous cet angle, tout particulièrement lorsqu'elle est soutenue par un large consensus, la notion de valeur apparaîtra comme non problématique, même si elle est susceptible de donner lieu à un double mouvement par lequel une adhésion à son égard pourra s'exprimer: un mouvement qui consiste à l'affirmer, à la revendiquer comme bien qu'il importe de pouvoir réaliser, et d'autre part, un mouvement qui consiste à la défendre contre toute mise en cause, contre toute atteinte qui pourrait l'affecter. C'est dans ce sens que toute référence à la notion de valeur est facile ou qu'elle apparaît assez naturellement comme non problématique, parce que, quelle que soit la position que l'on occupe dans n'importe quelle relation, elle apparaît comme une réalité dont il est possible de se prévaloir.

Cette facilité avec laquelle une référence peut être faite à ce qui est vécu comme valeur nous paraît recouvrir une difficulté que l'on peut considérer comme majeure: c'est son caractère fonctionnel toujours possible, ou son utilisation pour faire valoir sa cause dans le cadre d'un rapport de force et qui met la notion de valeur au service de la défense ou des volontés d'expression du moi (au niveau individuel), ou au service d'une stratégie sociale (si on se situe au niveau du groupe). En d'autres termes et comme nous l'avons dit pour d'autres notions, une valeur ne naît pas ou ne se constitue pas dans un vide social ni dans un vide pulsionnel; elle se trouve immédiatement «branchée» sur ces mouvements d'affirmation et de défense et occupe de ce fait un statut particulier: celui d'«instrument» la transformant en moyen par lequel une certaine politique s'affirme (le terme de politique étant entendu dans un sens large qui implique la manière dont à la fois s'organisent les réactions individuelles et les réactions groupales), et que par le fait même, s'acquiert une maîtrise sur l'autre.

Une telle ambiguïté nous amène à considérer comme essentielle, dans le cadre des rapports, ou plus exactement des conflits humains, une réalité que les tragédies d'Eschyle mettent en scène[4] et selon laquelle on pourrait dire que le droit «voyage», ou passe continuellement d'un clan à l'autre. Ce qui signifie qu'au cours d'un conflit dans lequel l'un des adversaires cherche à faire valoir (ou à faire reconnaître) un droit, son comportement l'entraîne toujours au-delà de ce qu'il lui était légitime de faire, c'est-à-dire au-delà de ce qu'impliquait cette reconnaissance. C'est à ce niveau que se situe, nous semble-t-il, la raison d'être des relations difficiles entre «transgression d'une règle» et «réaction à cette transgression». Comme nous l'avons déjà suggéré, le problème est mal posé dès le moment où l'on fait de la transgression le point de départ d'une séquence qui se poursuivrait par une réaction sociale susceptible de restituer une «valeur» dans son intégrité. En réalité, nous n'avons pas affaire à une séquence de cet ordre dans laquelle les responsabilités seraient clairement établies et fixées à partir de l'acte commis. La transgression est toujours vécue plus ou moins nettement comme réponse à une agression préalable dont la responsabilité se situe dans l'autre camp. C'est à ce point de vue que la notion de violence institutionnelle (entendue dans un sens large) nous paraît importante, car c'est bien souvent cette violence qui définit la situation antérieure et fait vivre la règle qui y a cours comme aliénante, non pas seulement in abstracto, mais dans un enchaînement d'événements concrets que l'individu vit effectivement.

Ce qu'il importe de reconnaître, dès lors, est que l'acte appelé transgression ou infraction ne constitue pas un début, ou le point initial à partir duquel une inter-relation deviendrait difficile. C'est un moment d'une relation déjà difficile quelque part, — et ce quelque part est de l'ordre institutionnel, c'est-à-dire de l'ordre des règles qui s'imposent et des impossibilités d'expression qui en résultent. Que représente dans cette perspective la notion de valeur ? On peut dire qu'elle nous paraît jouer un rôle essentiel (et nous retrouvons dans ce rôle le « destin » qui noue les tragédies d'Eschyle) : celui de porter en elle une puissance d'aveuglement[5] qui amène le sujet à dépasser ses propres droits. D'une manière plus précise, on pourrait dire que d'une part, elle constitue un moteur déterminant et soutenant l'action ou la réaction, mais que d'autre part aussi, elle introduit une perspective réduisant presque fatalement le champ de vision à ce qui s'ordonne à partir d'elle et en même temps, donne à celui qui agit force et justifications. Dès lors, le fait de se laisser entraîner dans cette perspective risque d'avoir pour conséquence de ne plus permettre au sujet de percevoir et de tenir compte des signes révélateurs de la perspective de l'autre (ou de l'adversaire), de sorte que sa réaction a toutes les chances de tomber dans la démesure.

On comprendra que les anciens Grecs n'aient pu opposer à ce cercle vicieux dans lequel nous fait entrer l'affirmation de ses droits et des valeurs qui les sous-tendent, qu'une seule réponse, qu'ils ont désignée sous le terme de « modération ». Sans doute, pour en définir le sens, importerait-il de le resituer dans son contexte propre, ce qu'il nous serait difficile de faire[6]. Celui-ci, en tout cas, nous paraît se référer à une dynamique inter-relationnelle générale qui sans doute s'exprime plus particulièrement à des moments de mise en cause des équilibres (ou des désordres) existants. Quoi qu'il en soit, cette modération ne consiste nullement dans l'adoption d'une voie moyenne ou d'une solution qui consisterait à «faire la part du feu». Elle signifie au contraire, ou plus exactement, elle traduit la volonté (et l'effort fait pour y parvenir) de ne pas se laisser aveugler par le droit que l'on possède, de ne pas profiter de l'avantage que l'on en tire, parce que la perte de cet avantage est en quelque sorte inscrit dans le fait même d'en user. Le terme d'aveuglement traduit fort bien cette possibilité d'un changement de signe lié à une incapacité de prendre à l'égard de ses propres droits la distance nécessaire pour faire jouer le droit de l'autre ou pour laisser apparaître d'autres valeurs qui sans cela risquent d'être totalement occultées.

Si nous reprenons les deux exemples que nous avons donnés dans les chapitres précédents, leur caractère sommaire ne nous empêche cependant pas de voir la manière dont une dynamique tragique est susceptible de se nouer ou s'est nouée. Là où nous avons affaire à un acte d'exhibitionnisme, nous pourrions effectivement croire que cette transgression constitue le point de départ d'une chaîne d'événements très localisée dans le temps et dans l'espace. En réalité, cette transgression s'inscrit dans une histoire et répond à ce qui, d'une certaine manière, était vécu comme insatisfaction, comme limitation, ou comme violence institutionnelle. Sans doute, cette réaction de s'exhiber fut-elle inadéquate et se révèle problématique pour le groupe social. La manière dont celui-ci réagit vise sans doute à sauvegarder une valeur menacée par l'acte commis. Mais en réalité, une telle valeur nous paraît avoir été beaucoup plus nettement l'instrument d'un véritable aveuglement émotionnel sous le couvert duquel des intérêts plus complexes se sont manifestés. Et c'est en cela que dans le cadre de la réaction sociale, la référence aux valeurs pose toujours problème, du fait qu'elle «fonctionne» d'une manière telle qu'elle risque d'être à son tour destructrice de toute relation possible. De même, si nous reprenons les actes de violence de Monsieur K., ceux-ci ne peuvent se comprendre qu'à l'intérieur d'une inter-relation déjà longue entre lui-même et les agents de l'autorité. Au moment des incidents survenus, et pour des raisons d'ailleurs compréhensibles, il donne l'impression de s'être laissé prendre au piège, et a manifesté un comportement démesuré par rapport aux éléments de la situation tels qu'ils paraissaient être objectivement. Mais là aussi, et compte tenu des caractéristiques de personnalité qui peuvent avoir été celles de Monsieur K., nous nous trouvons devant une démesure axée sur la défense de ses droits, et sur la peur d'un empiètement dont il connaissait la réalité. A son tour, la réaction judiciaire viendra confirmer le fait qu'il se trouve effectivement pris au piège, puisqu'il sera envoyé en prison pour un temps déterminé. Ainsi, très rapidement, Monsieur K. verra le bon droit rebasculer de son côté.

La référence à ces deux exemples peut évidemment paraître dérisoire par rapport à des transgressions plus graves et à la diversité que celles-ci présentent. Mais quelle que soit cette diversité ou même cette gravité, la question précise qui nous concerne est que la référence aux valeurs dans un contexte conflictuel est sans doute une référence nécessaire, parce qu'elle nous permet de préciser la position des uns et des autres dans ce que nous pourrions appeler un processus de reconnaissance ou de non-reconnaissance. Mais d'autre part, elle porte en elle ce danger — ou presque cette fatalité — d'amener les uns et les autres à percevoir et à affirmer que le droit, ou la loi, ou la morale est totalement de leur côté et par le fait même de faire coïncider leur cause avec la cause de la loi ou de la valeur dont il s'agit. Dans cette mesure, le système pénal se donne un indiscutable avantage (comme d'ailleurs le système moral) en transformant un acte en infraction et en désignant de ce fait, a priori, le lieu où se situe la responsabilité. Pour le faire, elle prend ce moment de l'infraction comme point de départ de la séquence conflictuelle, ce qui constitue à la fois une manière de nier toute violence institutionnelle antérieure, de nier tout l'impact que l'histoire est susceptible d'avoir eu, et de se mettre en position de force, parce que l'autre est effectivement *pris sur le fait*, et qu'il se dégagera difficilement de ce «fait» dans lequel il se trouve englué. C'est en cela que clicher certains comportements comme transgressions ou comme infractions (et non comme problèmes conflictuels qui se posent au groupe social), constitue en quelque sorte une violence qui s'arc-boute sur la notion de valeur. Il faut évidemment ajouter que la question pourrait être du même ordre pour le «transgresseur»: le fait de se référer uniquement à l'histoire et à une violence institutionnelle qui se serait déroulée «in illo tempore» constitue également un biais par lequel cette partie en cause est susceptible d'imposer sa loi, de «dissoudre» ainsi la réalité de l'acte commis et le «problème» qu'il constitue.

C'est entre ces deux partis pris qu'il importerait de situer l'attitude de modération telle qu'elle a été affirmée par les anciens Grecs et qui d'ailleurs nous situe dans une démarche du même ordre que celle qui consistait à rechercher à propos de la violence, comme le suggérait Ball-Rokeach, une définition «neutre» (et à laquelle nous nous sommes référés dans un des chapitres précédents). Ces termes de «modération» ou de «définition neutre» peuvent sans doute paraître abstentionnistes dans un paragraphe consacré aux valeurs. Ce serait cependant en faire une mauvaise interprétation, car si la démarche que recouvrent ces termes suppose une prise de distance, celle-ci est bien souvent particulièrement difficile à prendre, du fait même qu'elle consiste à redonner un sens à un comportement et/ou à une situation dont le sens était en quelque sorte nié ou occulté pour des raisons très tenaces. On pourrait donc dire qu'une telle attitude traduit un effort visant à rectifier un sens déformé, et qu'il se peut fort bien que ce soit dans un tel effort mais qui, cette fois, se situerait au niveau de la relation, que la notion de valeur prenne sa véritable signification.

En résumé, nous dirons donc que dans le cadre d'une situation conflictuelle (qui par définition est celle qui nous intéresse dans le domaine de la délinquance ou de la morale), la référence à la notion de valeur faite à partir d'une transgression ou d'une infraction commises constitue une référence ambiguë, parce qu'aussi nécessaire soit-elle, dans la mesure où cette notion est identifiée à un «objet» à protéger ou à défendre et qu'elle ne se traduit pas dans une volonté relationnelle, elle tend à constituer une force d'aveuglement aboutissant à la négation même de cette relation. Contrairement aux apparences, le point de départ d'une mise en cause de la valeur ne nous paraît pas être la transgression elle-même. Il nous semble qu'une telle mise en cause se situe dans une chaîne inter-réactionnelle qui, en réalité, n'a aucun début évident à partir duquel on pourrait fonder la responsabilité, mais seulement des *moments* où une responsabilité se dévoile dans un dépassement de son droit et dans une mise entre parenthèses de celui des autres. Ne pas reconnaître cette situation constitue une voie sans issue, ou conduit à une solution dans laquelle l'une des parties conservera toujours l'impression d'avoir dû abdiquer des prétentions jugées légitimes, c'est-à-dire d'avoir dû se soumettre à un diktat. Une telle manière d'envisager le problème ne vise pas à nier qu'il y ait eu transgression de la règle. Néanmoins, elle ne pose pas celle-ci comme transgression «originaire», avec ce que ce terme implique au niveau de la psychologie implicite et des droits qui paraissent en découler. Elle met cet aspect entre parenthèses et l'envisage comme problème se situant dans une histoire et dans un contexte particuliers, et qui implique de ce fait une prise en considération des points de vue en présence.

B. Le processus de socialisation posé en termes d'intégration ou en termes de reconnaissance

L'optique prise dans le paragraphe précédent pose indiscutablement problème à partir du moment où l'on envisage le processus de socialisation (et le jeu des différents milieux «socialisants» que sont la famille, l'école, etc.) comme ne constituant qu'une simple transmission par l'environnement social de valeurs et de normes, et qui se ferait à la suite d'une pression exercée par une «instance» supérieure, la Société et ses représentants, de sorte que la seule morale serait finalement, pour reprendre l'expression de Piaget, une morale hétéronome.

Il nous paraîtrait utile, à ce propos, de rappeler les critiques faites par Piaget[7] à la pensée de Durkheim selon laquelle la société constituerait cette entité supérieure d'où découle toute obligation. Mais nous préférons commencer ce débat en nous référant au sociologue américain Hirschi[8] qui reprend cette perspective durkheimienne dans le domaine, cette fois, de la délinquance juvénile, et en l'axant sur une notion qui ne peut pas ne pas intéresser le psychologue, celle du *lien* (avec des autruis signifiants) envisagé comme étant le canal par lequel s'opère cette transmission des valeurs et des normes.

La notion de lien présente de nombreuses connotations qu'il importera de dégager, et son utilisation par Hirschi, malgré les critiques que nous aurons à lui faire, a le mérite de poser une question qui nous paraît être centrale lorsque l'on aborde le processus de la socialisation. Peut-on dire, en effet, comme l'affirme Hirschi, que le lien représente le lieu où se déroule une adhésion progressive aux valeurs et aux normes conventionnelles. C'est dit dans le sens où le sujet adopte des valeurs ou des normes qui lui sont imposées, mais qui le sont à l'intérieur et par l'intermédiaire de cet attachement à un autrui ou à un groupe signifiants, de telle sorte que le lien constitue ce par quoi le contrôle social s'établit et s'exerce ? Ou au contraire, le lien est-il ce lieu où une reconnaissance est possible, c'est-à-dire où une différence de statut, existant au départ (que ce soit à l'intérieur de la relation parents-enfants ou maître-élève, etc.) a la possibilité de se manifester et d'être reconnue dans sa signification conflictuelle, de sorte que dans un tel contexte, une règle qui tienne compte des différents points de vue puisse apparaître comme une solution créée en commun ?

Le fait d'adopter l'une ou l'autre position aura pour conséquence que la délinquance (ou que la transgression) sera ou ne sera pas comprise uniquement comme écart par rapport à une règle conventionnelle, mais aussi comme moment (dont la signification peut être positive) situé dans une relation conflictuelle qu'il importerait de reconnaître en tant que telle.

Si en effet, nous suivons Hirschi, tout se passe comme si, conformément à une certaine conception de la socialisation, les différents milieux conventionnels auxquels le sujet est lié (milieu familial, scolaire, milieu de travail, les pairs conventionnels, etc.) ont comme seule caractéristique de véhiculer des valeurs (en accord avec celles de la société) que le sujet accepterait et intégrerait en même temps qu'il se lie. Les relations sont posées, dès lors, en termes d'adoption des modèles que la société présente, ou encore, en termes d'adhésion aux opinions, aux buts, aux modes d'être et de sentir qui y ont cours. Le lien est ce qui permet que de tels processus aient lieu.

Dans cette ligne de pensée, Hirschi rencontre certaines objections qui se réfèrent plus particulièrement à la délinquance et dont la principale concerne l'existence éventuelle d'une sous-culture ou d'un milieu auquel le sujet pourrait se lier (ou dans lequel il pourrait se socialiser) et qui ne véhiculerait pas les normes ou valeurs conventionnelles. A ceux qui parlent de normes ou de valeurs spécifiques pour expliquer la délinquance, Hirschi oppose les résultats de ses recherches: dans la société américaine, dit-il, il n'existe aucun groupe d'une certaine importance dans lequel les parents ou les maîtres (c'est-à-dire ceux qui constituent ces institutions socialisantes) préféreraient que leurs enfants choisissent une autre voie que la voie conventionnelle. Quant à un sous-groupe de pairs, dans lequel une socialisation déviante pourrait se produire et constituer un «gang» délinquant, celui-ci, selon Hirschi, ne représente pas non plus une réalité suffisante pour expliquer adéquatement une «entrée» dans la délinquance. En effet, n'est pas confirmé, dit-il, le fait que les jeunes délinquants, particulièrement ceux de la working-class, trouveraient dans des «pairs délinquants» un milieu dont la valeur sociale ou affective serait considérable. En effet, les réponses aux questionnaires présentés par Hirschi indiquent que ceux qui sont très attachés à leurs pairs sont également ceux qui présentent un fort attachement aux parents et que ces caractéristiques se retrouvent principalement chez les non-délinquants: plus un mineur est délinquant, moins, d'autre part, nous aurons affaire à quelqu'un qui éprouve pour ses amis un sentiment de respect et d'attachement. Il en résulte donc que le lien en lui-même ou, si nous le voulons, le fait de se lier à quelqu'un constitue un élément corrélé à la non-délinquance, alors que ce qui caractérise les délinquants est une absence de liens, même avec les pairs.

Lorsque l'on parle, dès lors, des causes de la délinquance, la thèse de Hirschi consisterait à dire que plus un mineur se trouve lié à ces différents milieux (parents, école, pairs), moins il y a de chances qu'il devienne délinquant; et a contrario, plus il se détache de ces milieux, plus également il devient libre de s'orienter dans une voie déviante ou délinquante.

La notion de lien est dès lors primordiale, mais elle doit faire l'objet d'une analyse afin de pouvoir en dégager les éléments consitutifs. Dans cette analyse, nous continuons à suivre Hirschi.

Le premier élément, théoriquement le plus important, mais au niveau de la description, le plus flou, est *l'attachement* que le sujet manifeste à l'égard de ces différentes institutions et des autruis qui les constituent. Cet attachement se mesure à la tendance qu'a le sujet de s'identifier à ceux-ci et à la sensibilité qu'il manifeste aux attentes et aux opinions qu'ils auront à son égard.

Les trois autres éléments constitutifs que Hirschi retient nous paraissent plus éclairants parce qu'on y trouve une analyse des motivations en tant que celles-ci sont en quelque sorte «captées» par l'autrui ou par les groupes signifiants. Et on est bien obligé d'utiliser le terme de «captées» parce qu'on y trouve un courant de pensée qui tend à poser les choix affectifs et sociaux en termes économiques (c'est-à-dire de coûts / bénéfices, de temps dont on dispose, etc.), de telle sorte que pour expliquer l'attachement qui, comme nous l'avons dit, n'est pas ou mal analysé, le terme de lien nous réfère (métaphoriquement) à son sens le plus matériel : « une chose... qui sert à lier ou à attacher quelqu'un », cette chose étant, dans ce cas, le capital d'énergie déjà investi, ou le temps déjà consacré, etc... Nous ne trouvons pas trace de relations intersubjectives ni de la place que celles-ci pourraient avoir.

Mais revenons-en à une description plus précise. Le deuxième élément constitutif est en effet *le sentiment d'être engagé* ou d'être tenu par les engagements antérieurs (commitment). Hirschi considère qu'en s'attachant aux milieux conventionnels, le sujet a investi son énergie et son temps dans le sens des activités conventionnelles. Un comportement déviant mettra en cause cet investissement. Lorsqu'il sera tenté de commettre un tel acte, le sujet sera donc amené à évaluer son «coût» : «cela vaut-il la peine, étant donné les conséquences qui risquent d'en résulter?».

Le troisième élément prolonge le deuxième en ce sens qu'un lien fait en sorte que le sujet est «*absorbé*» par ce que ce lien lui fait vivre (involvment: le fait d'être empêtré dans quelque chose). En réalité, nous nous situons ici au niveau du statut, et de ce que celui-ci implique. Celui qui a, par exemple, le statut d'écolier s'il y est attaché, non seulement ira à l'école, mais passera le reste de son temps d'une manière qui se situe dans le même sens que les activités statutaires: arrivé à la maison, il fera ses devoirs et étudiera ses leçons, il n'ira pas coucher trop tard pour être dispos le lendemain matin, etc... C'est donc dire que le facteur temps joue d'une double manière, à la fois comme investissement consenti et grâce auquel un certain intérêt peut s'organiser, et d'autre part, comme négation de tout jeu possible dans la manière d'en disposer (le temps est «pris»), ce qui a pour conséquence d'éviter qu'à travers ce jeu, d'autres désirs ne puissent trouver place qui échapperaient à cette organisation, et par le fait même aux obligations conventionnelles. Dans la mesure où il n'est plus «lié», le sujet deviendrait libre pour s'engager dans la délinquance, c'est-à-dire dans ce qu'il importe d'éviter.

Le dernier élément constitutif du lien est *la croyance* qu'a le sujet dans la valeur des règles et sa conviction qu'il importe de les respecter. C'est en quelque sorte la transposition de l'attachement à ces autruis signifiants au niveau de l'idéologie (belief).

Où se situent maintenant les désaccords? Tout en étant décrite d'une manière nuancée, la notion de lien ne joue, pour Hirschi, que dans un seul sens: le sujet se lie (ou se sent lié) à un milieu existant et «fonctionnant» en dehors de lui, dont il devient membre. Plus le lien est fort, plus la conformité au cadre de valeurs de la société sera grande et, semble-t-il, mieux cela vaudra, cette capacité de se lier étant la capacité propre de l'être social. Dans une telle perspective, on ne voit pas comment une personnalité pourrait s'affirmer face à ces milieux socialisants, et comment une telle affirmation pourrait avoir une certaine valeur, ou pourrait constituer un élément positif dans le développement, c'est-à-dire que cette dimension du « conflit » comme moteur du développement est totalement absente. Un tel arrière-fond est, nous semble-t-il, ce qui donne un sens équivoque aux notions qu'utilise Hirschi (celles d'attachement, d'engagement, de temps que l'on utilise pour organiser les engagements que l'on a pris). Toutes ces notions, en effet, nous réfèrent à des éléments constitutifs d'une situation dont l'importance est évidente dans ce qu'on pourrait appeler un investissement du réel. Mais dans la perspective qui est la sienne, et dans les descriptions qu'il en donne, tout se passe comme si ces éléments étaient dépouillés de leurs véritables enjeux. En d'autres termes, les enjeux dont il s'agit ne sont plus que des enjeux conventionnels que l'on peut réduire à la réussite d'une assimilation aux normes de la société, perçue comme apportant un gain pour lequel il importe de consentir des efforts et des pertes de temps; de la sorte, une capitalisation de l'effort engage tout naturellement dans le système, au-delà des différences de position qui peuvent exister dans le cadre des inter-relations sociales, mais qui s'effacent de ce fait. Effectivement, la loi des « profits et pertes » est évidente pour tout le monde et constitue le commun dénominateur le plus large.

Le problème qui se pose est celui de savoir si une telle perspective est la plus adéquate. Hirschi, et ceux qui la défendent, tendent à considérer comme un fait que la société américaine est une société conventionnelle dans laquelle on ne pourrait parler de classes sociales, si ce n'est comme variations autour d'une classe moyenne, ce qui expliquerait, comme il le dit, que personne, dans aucun milieu, n'aimerait voir son enfant devenir délinquant et sortir ainsi de cette voie conventionnelle; et que d'autre part, aucune solidarité réelle ne pourrait se constituer autour des activités déviantes comme aucun lien affectif se créer entre les membres, car le fait d'être libre est à la fois l'expression et le résultat d'un isolement et que l'on ne peut parler de groupes délinquants au sens propre, c'est-à-dire de groupes «signifiants».

Nous nous résumerons dès lors en disant que ces vues constituent une construction impliquant à la fois une prise de position sur la notion de socialisation, de conflit, et qu'une interprétation de la délinquance en découle. Nous n'avons pas, comme nous l'avons dit en adoptant la démarche que nous avons suivie, à discuter ces vues, mais éventuellement à en opposer d'autres, qui nous paraissent plus pertinentes en ce sens qu'elles réintroduisent des éléments écartés et nous donnent indiscutablement une perspective plus complexe.

Le problème prend une autre allure, en effet, si nous reconnaissons qu'il existe d'autres sources d'obligations. Parmi les psychologues, Piaget a certainement été un des premiers à avoir fait une lecture critique de Durkheim et à montrer que celui-ci n'a jamais été capable de percevoir l'obligation morale autrement que comme un ensemble de règles sanctionnées par la société, liée à l'ascendance (ou à la supériorité) que celle-ci possède. Lorsque Durkheim définit l'intériorisation des règles comme résultant «d'un effort continu pour imposer à l'enfant des manières de voir, de sentir, et d'agir auxquelles il ne serait pas spontanément arrivé»[9], il apparaît clairement que l'adoption de la règle ne se situe que dans le cadre d'une relation unilatérale d'adulte à enfant ou d'instance dominante à sujet dominé.

Ce qui, pour Piaget, étonne dans cette description, — et ce, tout particulièrement de la part d'un sociologue — c'est que Durkheim n'a jamais imaginé qu'il pouvait y avoir des relations enfants-enfants, et qu'à l'intérieur de ces relations, des règles étaient susceptibles d'émerger pour répondre aux exigences propres que ces relations supposent et constituer ainsi une « expérience morale » d'un tout autre type que celle à laquelle Durkheim faisait exclusivement référence.

Nous n'allons pas décrire d'une manière plus détaillée ce que le psychologue suisse appelle le passage d'une morale hétéronome à une morale autonome et qu'il a cherché à atteindre à travers un type d'activité où les groupes d'enfants sont susceptibles de s'organiser en dehors du regard de l'adulte et de vivre dès lors des relations entre pairs: des jeux collectifs, comme les jeux de billes ou les jeux de barre, présentant des règles relativement complexes. Ce qu'il importe de voir, dans ses activités entre égaux, est d'abord que la règle est désacralisée en ce sens qu'elle résulte d'une certaine autonomie des consciences, et qu'elle représente une création commune liée aux exigences et aux conditions propres dans lesquelles les inter-relations se déroulent. En d'autres termes, à partir d'un certain moment et dans le cadre d'une morale autonome, ce qui prend le pas n'est plus la référence à la règle comme à un dogme, mais la méthode à appliquer pour parvenir à un consensus qui n'est pas présupposé et qui implique, à la fois pour l'instaurer et la faire respecter, la prise en considération du point de vue des différents partenaires qui se lient. Cette attention aux différences de point de vue devient en quelque sorte l'exigence majeure. Dès lors, quelles que soient les objections que l'on ait à formuler, il nous paraît essentiel de relever que la perspective piagétienne constitue une rupture du cadre unitaire et hiérarchisé dans lequel se pensait l'obligation morale, et qu'elle introduit en plus une modification de perspective. Il n'y a plus seulement la société, dont les différents milieux socialisants seraient en quelque sorte des relais; il n'y a pas non plus que l'individu isolé dont l'unique référence serait ses besoins, ses désirs ou ses projets. Il y a une relation, ou plus exactement un ensemble de relations (dont les combinaisons, d'ailleurs, ainsi que le souligne Piaget, ne peuvent être identifiées à des substances permanentes) à l'intérieur desquelles des exigences particulières surgissent, de telle sorte que ce sera à partir de ces exigences que pourra ou non se vivre un accord ou un dépassement des points de vue particuliers.

Si nous voulons reprendre la notion de lien avec des autruis (ou des groupes) signifiants, nous dirons que le lien apparaît comme étant ce qui relie, c'est-à-dire ce à partir de quoi se construit une relation dans laquelle chacun se sent reconnu comme ayant une valeur propre, ou un point de vue propre, ou une histoire propre, et qui, de ce fait, devient capable de reconnaître le point de vue, l'histoire propre de l'autre, de se lier dans une certaine mesure à lui, c'est-à-dire de réorganiser son comportement en fonction d'un projet qu'il cherche à rendre cohérent par rapport à ses autres engagements. De telles «opérations» ne se font pas sans conflit, et laissent la place ouverte à des rapports de force au cours desquels l'un peut effectivement chercher à s'imposer à l'autre. Mais, nous semble-t-il, ce sera à travers une telle dialectique que se joueront les véritables enjeux auxquels nous réfèrent les notions d'engagement, de lien, de temps que l'on organise (ou qui s'organise) autour de ces obligations.

Nous pourrions reprendre les différents milieux que nous avons appelés «socialisants» et les réenvisager selon cette perspective. Il importerait de montrer que ces milieux ne sont pas seulement ceux dans lesquels un ensemble de valeurs s'ordonne et est transmise, mais bien que, dans le cadre d'une relation inégalitaire (ce qui nous paraît être un donné de départ), l'expérience du conflit, et d'une reconnaissance réciproque possible dans le mouvement même de son dépassement, est fondamentale (que ce soit au niveau du groupe familial, du groupe scolaire ou de n'importe quelle autre forme d'inter-relations). Où que nous puissions nous situer, le problème éthique nous paraît donc être de créer (ou de rendre possibles) les conditions nécessaires pour qu'un tel dépassement (ou l'entrée possible dans un type de relation qui le permettrait) puisse se faire.

Nous n'avons cependant pas à poursuivre une analyse qui nous obligerait à revoir chacun de ces groupes socialisants. Notre objectif, dans le cadre de ce dernier chapitre, est de montrer que selon la grille d'interprétation que l'on utilise et à travers laquelle nous «lisons» ce qu'est le processus de socialisation ou l'intériorisation des règles, la signification que nous donnons à la transgression (et de ce fait à la délinquance) est profondément différente. Nous nous contenterons de dire que la première de ces grilles (celle de Durkheim comme de Hirschi qui est, en quelque sorte, une perspective durkheimienne «désacralisée»)[10] est celle qui effectivement «fonctionne» bien dans le cadre idéologique d'une société qui ne cherche qu'à se reproduire, et pour laquelle le problème éthique ou moral se situe au niveau d'une transmission des normes et valeurs, et expulsera toute idée de conflit. Dans ce cas, le terme de «reconnaissance» pourrait être utilisé, mais dans son sens faible : celui d'une affiliation au groupe et d'une intégration reconnue et consacrée. Par le fait même, toute transgression sera vue et vécue comme écart par rapport à ces normes ou comme désaffiliation par rapport au groupe. En d'autres termes, et pour reprendre l'expression de Duclos, ce qui est sanctionné *a priori* est «l'écart individuel à la norme plutôt que la folie potentielle de cette même norme».

La seconde grille (celle que nous adoptons) cherche au contraire à intégrer cette réalité fondamentale qu'est le caractère inégalitaire de toute relation. Le fait est que dans de telles situations les normes (au même titre que les comportements individuels) peuvent devenir «folles», ou peuvent devenir instruments de pouvoir (non seulement à travers leur énoncé, mais aussi par leur application et même le respect qu'on leur porte)[11] tout comme les valeurs sont susceptibles de devenir ce à partir de quoi la «démesure» s'installe. C'est dans cette dialectique que la transgression de la norme prend place. Elle doit être considérée non seulement comme écart par rapport à celle-ci, ou comme tort occasionné au groupe social, mais aussi et principalement comme problème.

NOTES

[1] Durkheim, E., *Les règles de la méthode sociologique*, Paris, P.U.F., 13ᵉ éd., 1956, 70. Voir également la reprise des notions de néotenie et de misonéisme, déjà utilisées par Lombroso dans son étude des délinquants politiques, par D. Szabo: Inadaptation juvénile: fondements psycho-culturels, dans *L'adolescent et la société*, Bruxelles, Edit. Dessart, 1972, 9-70.

[2] Rezsohazy, R., Valeurs fondamentales et valeurs relatives dans le changement social, dans *Licéité en droit positif et références légales aux valeurs*, Biblio. Faculté Droit, U.C.L., Bruxelles, Bruylants, 1982.

[3] *Dictionnaire général des sciences humaines*, Paris, Edit. Univers, 1975. Nous avons écarté à dessein les défintions sociologiques ou psycho-sociologiques qui, dès l'abord, introduisent un certain relativisme dans ces définitions. En réalité, lorsqu'il s'agit de valeurs affirmées et vécues, ce relativisme est généralement évacué.

[4] Cette idée est reprise à l'introduction des tragédies d'Eschyle par Paul Mazon (Paris, Collect. des Univ. de France Budé, Tome I, 1941, VII): «S'il sait se modérer, l'homme qui a pour lui le Droit saura le conserver; s'il se laisse aller à ses passions, même les plus légitimes, le Droit passera à ses adversaires». Dans le cadre de la criminologie contemporaine (et plus particulièrement de la criminologie critique) nous retrouvons des idées de cet ordre. Nous pouvons à ce point de vue et à propos d'un débat sur les valeurs, nous référer à Kellens, G., Le Droit pénal, rempart contre l'abus de pouvoir, dans *op. cit.*

[5] Dans cette perspective, il importerait de revoir les ouvrages déjà cités de Ch. Odier et de E. De Greeff, plus particulièrement de ce dernier, *Notre destinée et nos instincts*, Paris, Plon, 1945.

[6] Le psychanalyste suisse de Saussure avait fait du miracle grec une interprétation selon laquelle cette période correspondrait, au point de vue social, à un dépassement des rapports axés antérieurement sur l'omnipotence du père de famille (et de l'aîné qui lui succédait) à l'égard des autres qui ne parvenaient

jamais avant leur mort au stade adulte (tout acte qui exigeait de leur part une initiative devait être racheté par des sacrifices expiatoires). La création des colonies et le départ des cadets, l'acquisition de richesse et la transformation des structures sociales ébranlèrent cette domination du père et de l'aîné, et les puinés revinrent se présenter en égaux. A ce conflit potentiel, la réponse grecque fut, selon de Saussure, une subordination à la raison : que les exigences des pères comme celles des fils soient raisonnables, et que dès lors, ils ne perdent pas leurs droits en tombant dans la démesure. Nous retrouvons ici le thème des pièces d'Eschyle. Si nous rapportons ces informations, c'est que nous avions déjà été amené à les développer il y a près de 25 ans (v. Ch. Debuyst, L'art et la vie affective, dans *Autour de l'œuvre du Dr E. De Greeff*, Tome 2, 180 et ss.), qu'elles ont été reprises dans *Criminels et valeurs vécues* (1960) (la partie consacrée aux réactions vécues à la condamnation) en rappelant la phrase de Zilboorg selon laquelle « une sanction ne sert à rien si celui qui en est l'objet est incapable de l'accepter », et qu'il existe donc une continuité dans cette reprise actuelle de ce que nous considérons comme une prise de position.

[7] Piaget, J., *Le jugement moral chez l'enfant*, Paris, Alcan, 1932.

[8] Hirschi, T., *Causes of delinquency*, Univ. of California Press, 3e éd., 1974.

[9] Durkheim, *op. cit.* (1), 7.

[10] Dans la perspective durkheimienne, ce qui domine nous paraît être le mythe d'une société transcendante ayant ses représentants symboliques à tous les niveaux du processus de socialisation, représentants que cette société inscrit en quelque sorte dans le rôle social d'intermédiaire qui légitime leur pouvoir. Si nous parlons à propos de Hirschi, d'un durkheimisme désacralisé, c'est parce que cet auteur nous paraît poser le problème de l'affiliation au groupe social en termes d'avantages / désavantages, non tellement pour la société qui paraît avoir une réalité fort vague mais pour les individus qui, en intériorisant les normes, font en quelque sorte le meilleur investissement possible dans l'ordre d'un progrès et d'une reconnaissance sociale future. « Etre reconnu » veut dire ici : être considéré comme quelqu'un qui joue bien (ou a bien joué) le jeu social, qui réussit et qui porte les insignes de sa réussite. On pourrait presque dire que le consensus se situe au niveau d'une tactique à suivre tout autant qu'à celui d'une idéologie. Ou plus exactement, l'une se confond avec l'autre.

[11] Nous rappelons, comme simple toile de fond, les expériences de psychologie sociale (v. Milgram, etc.) qui montrent jusqu'où peut conduire la soumission à l'autorité et qui dès lors, nous obligent à situer dans un autre type de relation ce problème de l'obligation. Il est évident qu'une telle question ne peut être qu'effleurée (v. Leyens, *op. cit.*).

Conclusions générales

Nous voudrions réduire ces conclusions générales à quelques points qui nous permettront (ou devraient nous permettre), de justifier notre démarche et de voir où nous en sommes arrivés.

1. On pourrait nous reprocher que, tout en nous situant dans une perspective psychologique (ou sensée telle), nous n'avons pratiquement pas fait allusion au comportement délinquant ni aux caractéristiques de la personnalité délinquante, et que nous aurions, de ce fait, délaissé le problème réel, celui qu'il importe de comprendre et de résoudre.

Dès le départ, nous avons précisé nos intentions. Il nous a en effet paru nécessaire de prendre un temps d'arrêt. De répondre, ou d'essayer de répondre, à la question du « comment l'on connaît » plutôt qu'à celle de « qu'est-ce que l'on connaît ». En effet, le comportement ou la personnalité délinquants ne constituent pas des données d'observation qui seraient non problématiques. De telles données, comme tout fait de connaissance, constituent dès le départ des interprétations, ou, en d'autres termes, prennent place dans une perspective ou dans un point de vue que l'on peut dire «utile» à l'individu, au groupe social ou à l'espèce. Cet utilitarisme implicite à partir duquel la connaissance se constitue déterminera le caractère sélectif et biaisé qu'elle présente; de sorte que la démarche intellectuelle ne consiste pas tellement à apporter des connaissances nouvelles à des connaissances déjà existantes, à la manière dont on remplit progressivement un panier ou une corbeille. Elle vise plus fondamentalement, à partir du moment où apparaissent certaines contradictions ou certaines insuffisances, à tester la valeur des connaissances que l'on a. La question est de savoir dans quelle mesure les données existantes (ou, pour reprendre l'expression de Popper, la connaissance «déjà là») ne sont pas déformées ou biaisées par l'utilisation (non consciente) d'une grille de lecture qui s'impose en raison de l'utilité qu'elle présente pour le groupe social et qui exclut de ce fait les «éléments» qui n'entrent pas dans cette perspective. Il en résulte qu'une telle démarche consisterait d'abord à se rendre compte du jeu déformant de pareilles grilles; elle consisterait ensuite à rechercher s'il est possible de les modifier et quelles seraient les implications d'une telle modification.

2. En criminologie, ce «retour épistémologique» nous amène presque nécessairement à prendre comme premier objet d'étude la réaction sociale. On peut en effet dire que la réaction sociale constitue la grille de lecture ou la manière de voir le comportement délinquant dans laquelle va dans la suite s'inscrire son approche. En effet, dans ce cas, réagir veut généralement dire se défendre contre ce qui apparaît comme un danger. Et cette manière de se défendre comporte un aspect cognitif, qui affectera nécessairement l'objet contre lequel on se défend. Il ne sera plus vu qu'à partir de certaines caractéristiques qui seront justement celles qui permettront à cette réaction de défense d'avoir un maximum d'efficacité.

Si la réaction sociale constitue effectivement la grille de lecture à travers laquelle la délinquance est comprise ou est vue, il est compréhensible qu'elle intéressera directement le psychologue, car il lui importera de se demander de quelle manière cette grille fonctionne, et dans quelle mesure les notions et les méthodes qu'il utilise y participent. Et ceci nous paraît vrai qu'il s'agisse de la grille pénale, avec tout l'implicite que véhiculent les concepts qu'elle utilise, ou les grilles criminologiques et plus particulièrement celles qui jouent en psychologie clinique et qui, assez naturellement, se situent dans le prolongement de la grille pénale en vue de répondre aux exigences qu'elle impose ou aux questions qui en découlent.

3. Ce que nous venons d'affirmer ne veut nullement dire que ces «interprétations» ou que cette lecture représenteraient une traduction directe des impératifs liés à la défense. La réalité est évidemment plus complexe. La réaction pénale, dans la manière dont historiquement elle s'est constituée, est aussi l'expression d'une prise de distance à l'égard d'une réaction trop immédiate et de ses conséquences. Néanmoins, cette prise de distance est ambiguë parce qu'elle ne se déroule pas dans un «vide social». Elle est en même temps l'expression d'une politique dans un jeu de pouvoir dont les articulations se situent autour de la définition des interdits et de l'utilisation des sanctions. De la même manière, et parce qu'elle se voulait scientifique, la réaction criminologique implique également une prise de distance, dont l'histoire serait plus complexe car à la fois liée à celle de ses rapports avec le droit pénal, et plus largement le système judiciaire, et celle qui retrace les efforts faits en vue de pouvoir s'affirmer comme science. C'est dans cette histoire qu'après les autres «criminologies» prennent place la criminologie de la réaction sociale ou les criminologies critiques qui ne se comprennent que dans la ligne et par rapport aux acquis antérieurs.

Si nous parlons d'acquis, cela veut donc dire qu'il ne s'agit nullement de dénier toute valeur à ces acquis. Ce qui importe néanmoins est d'en déterminer la signification, en recherchant dans quelle mesure ces acquis sont marqués ou déformés par le caractère utilitaire de la démarche dont ils découlent et ce, non seulement quant au type d'informations recueillies, mais aussi quant à la manière dont les problématiques ont été posées.

4. Dans une telle perspective, la question est évidemment de savoir ce qu'il en advient de la démarche du psychologue et de la constitution de son savoir, si une telle démarche cherche à ne plus se situer dans le cadre que la logique du système pénal impose.

C'est une telle question que nous voudrions aborder dans un prochain travail. Il semble bien que, de toute manière, nous ne puissions plus considérer le passage à l'acte comme le *moment fondateur* à partir duquel les perspectives explicatives devraient s'ordonner. Prendre l'infraction comme moment à partir duquel l'auteur acquiert un statut particulier, c'est adopter les a priori de départ liés à la définition du comportement comme infraction; c'est par le fait même risquer de s'enfermer dans une théorie implicite de la personnalité qui nous paraît régir, d'une manière ou d'une autre, toutes les études de psychologie différentielle ayant été menées dans le cadre de la délinquance. Il nous paraît inutile d'insister sur l'importance de cette question et sur le fait qu'il s'agira de repenser nos connaissances à partir de ces nouvelles données.

Prendre l'infraction comme moment fondateur, c'est également isoler un comportement du contexte dans lequel il prend place et ne définir sa signification qu'à partir d'un cadre de référence constitué par un certain nombre de règles, qu'elles soient sociales ou morales. Ici encore, il s'agirait de réintroduire le jeu de ce contexte, en sachant que celui-ci peut déterminer le sens que prend un comportement; il s'agirait en plus de voir, au-delà des règles et de leur transgression, l'utilisation qui en est faite dans une dynamique interpersonnelle ainsi que dans une dynamique sociale.

En d'autres termes, *considérer la délinquance comme enjeu dans une relation et non plus seulement comme transgression* nous paraît devoir constituer le point central du prolongement de notre démarche.

Table des matières

Introduction 5

Chapitre I. La connaissance; une lecture utilitaire du réel 17

A. Les assises biologiques vues à travers l'éthologie . 18
B. L'homme: ses modes instinctifs de rattachement au monde et ses manières de le connaître 27
C. Hiérarchisation et rituels 33
D. De la société animale à la société humaine. La socio-biologie 43
E. Ambiguïté des rituels humains: nature et culture . 55
F. Conclusions: la connaissance, filtrage des informations utiles? 61

Chapitre II. La notion d'infraction comme mode d'interprétation 69

A. Une définition «objective» de la délinquance à partir de la réaction sociale est-elle possible? . 70
B. La réaction émotionnelle du groupe, premier mode d'interprétation 77

C. Une théorie plus complexe : l'attribution et sa place dans la connaissance d'autrui et de soi-même 85
D. La référence aux valeurs comme opération de reconstruction 88

Chapitre III. La notion d'infraction comme expression du pouvoir 101

A. Le système pénal incapable de se dégager d'une démarche de type « contrainte-soumission » ... 103
B. Le double jeu de la loi lié au caractère inégalitaire de toute relation sociale 109
C. L'infraction, comportement isolé de son contexte . 119

Chapitre IV. La notion d'infraction comme effort sociétaire de distanciation 135

A. La possibilité de s'identifier ou non à l'auteur de l'acte, critère de catégorisation 136
B. La pathologisation : autre relais de la prise en charge ou autre lecture 142
C. En conclusion : la criminologie clinique et les choix qui se posent 148

Chapitre V. Les règles morales et l'ambiguïté d'une référence aux valeurs 155

A. Les valeurs, moteur d'un dépassement possible des droits 157
B. Le processus de socialisation posé en termes d'intégration ou en termes de reconnaissance 165

Conclusions générales 177

PSYCHOLOGIE ET SCIENCES HUMAINES
collection publiée sous la direction de MARC RICHELLE

1 Dr Paul Chauchard
   LA MAITRISE DE SOI, 9ᵉ éd.
5 François Duyckaerts
   LA FORMATION DU LIEN SEXUEL, 9ᵉ éd.
7 Paul-A. Osterrieth
   FAIRE DES ADULTES, 16ᵉ éd.
9 Daniel Widlöcher
   L'INTERPRETATION DES DESSINS D'ENFANTS, 9ᵉ éd.
11 Berthe Reymond-Rivier
   LE DEVELOPPEMENT SOCIAL DE L'ENFANT ET DE L'ADOLESCENT, 9ᵉ éd.
12 Maurice Dongier
   NEVROSES ET TROUBLES PSYCHOSOMATIQUES, 7ᵉ éd.
15 Roger Mucchielli
   INTRODUCTION A LA PSYCHOLOGIE STRUCTURALE, 3ᵉ éd.
16 Claude Köhler
   JEUNES DEFICIENTS MENTAUX, 4ᵉ éd.
21 Dr P. Geissmann et Dr R. Durand
   LES METHODES DE RELAXATION, 4ᵉ éd.
22 H. T. Klinkhamer-Steketée
   PSYCHOTHERAPIE PAR LE JEU, 3ᵉ éd.
23 Louis Corman
   L'EXAMEN PSYCHOLOGIQUE D'UN ENFANT, 3ᵉ éd.
24 Marc Richelle
   POURQUOI LES PSYCHOLOGUES ?, 6ᵉ éd.
25 Lucien Israel
   LE MEDECIN FACE AU MALADE, 5ᵉ éd.
26 Francine Robaye-Geelen
   L'ENFANT AU CERVEAU BLESSE, 2ᵉ éd.
27 B.F. Skinner
   LA REVOLUTION SCIENTIFIQUE DE L'ENSEIGNEMENT, 3ᵉ éd.
28 Colette Durieu
   LA REEDUCATION DES APHASIQUES
29 J.C. Ruwet
   ETHOLOGIE : BIOLOGIE DU COMPORTEMENT, 3ᵉ éd.
30 Eugénie De Keyser
   ART ET MESURE DE L'ESPACE
32 Ernest Natalis
   CARREFOURS PSYCHOPEDAGOGIQUES
33 E. Hartmann
   BIOLOGIE DU REVE
34 Georges Bastin
   DICTIONNAIRE DE LA PSYCHOLOGIE SEXUELLE
35 Louis Corman
   PSYCHO-PATHOLOGIE DE LA RIVALITE FRATERNELLE
36 Dr G. Varenne
   L'ABUS DES DROGUES
37 Christian Debuyst, Julienne Joos
   L'ENFANT ET L'ADOLESCENT VOLEURS
38 B.-F. Skinner
   L'ANALYSE EXPERIMENTALE DU COMPORTEMENT, 2ᵉ éd.
39 D.J. West
   HOMOSEXUALITE
40 R. Droz et M. Rahmy
   LIRE PIAGET, 3ᵉ éd.
41 José M.R. Delgado
   LE CONDITIONNEMENT DU CERVEAU ET LA LIBERTE DE L'ESPRIT
42 Denis Szabo, Denis Gagné, Alice Parizeau
   L'ADOLESCENT ET LA SOCIETE, 2ᵉ éd.
43 Pierre Oléron
   LANGAGE ET DEVELOPPEMENT MENTAL, 2ᵉ éd.
44 Roger Mucchielli
   ANALYSE EXISTENTIELLE ET PSYCHOTHERAPIE PHENOMENO-STRUCTURALE

45 Gertrud L. Wyatt
LA RELATION MERE-ENFANT ET L'ACQUISITION DU LANGAGE, 2ᵉ éd.
46 Dr Etienne De Greeff
AMOUR ET CRIMES D'AMOUR
47 Louis Corman
L'EDUCATION ECLAIREE PAR LA PSYCHANALYSE
48 Jean-Claude Benoit et Mario Berta
L'ACTIVATION PSYCHOTHERAPIQUE
49 T. Ayllon et N. Azrin
TRAITEMENT COMPORTEMENTAL EN INSTITUTION PSYCHIATRIQUE
50 G. Rucquoy
LA CONSULTATION CONJUGALE
51 R. Titone
LE BILINGUISME PRECOCE
52 G. Kellens
BANQUEROUTE ET BANQUEROUTIERS
53 François Duyckaerts
CONSCIENCE ET PRISE DE CONSCIENCE
54 Jacques Launay, Jacques Levine et Gilbert Maurey
LE REVE EVEILLE-DIRIGE ET L'INCONSCIENT
55 Alain Lieury
LA MEMOIRE
56 Louis Corman
NARCISSISME ET FRUSTRATION D'AMOUR
57 E. Hartmann
LES FONCTIONS DU SOMMEIL
58 Jean-Marie Paisse
L'UNIVERS SYMBOLIQUE DE L'ENFANT ARRIERE MENTAL
59 Jacques Van Rillaer
L'AGRESSIVITE HUMAINE
60 Georges Mounin
LINGUISTIQUE ET TRADUCTION
61 Jérôme Kagan
COMPRENDRE L'ENFANT
62 Michael S. Gazzaniga
LE CERVEAU DEDOUBLE
63 Paul Cazayus
L'APHASIE
64 X. Seron, J.L. Lambert, M. Van der Linden
LA MODIFICATION DU COMPORTEMENT
65 W. Huber
INTRODUCTION A LA PSYCHOLOGIE DE LA PERSONNALITE, 2ᵉ éd.
66 Emile Meurice
PSYCHIATRIE ET VIE SOCIALE
67 J. Château, H. Gratiot-Alphandéry, R. Doron et P. Cazayus
LES GRANDES PSYCHOLOGIES MODERNES
68 P. Sifnéos
PSYCHOTHERAPIE BREVE ET CRISE EMOTIONNELLE
69 Marc Richelle
B.F. SKINNER OU LE PERIL BEHAVIORISTE
70 J.P. Bronckart
THEORIES DU LANGAGE
71 Anika Lemaire
JACQUES LACAN, 2ᵉ éd. revue et augmentée
72 J.L. Lambert
INTRODUCTION A L'ARRIERATION MENTALE
73 T.G.R. Bower
DEVELOPPEMENT PSYCHOLOGIQUE DE LA PREMIERE ENFANCE
74 J. Rondal
LANGAGE ET EDUCATION
75 Sheila Kitzinger
PREPARER A L'ACCOUCHEMENT
76 Ovide Fontaine
INTRODUCTION AUX THERAPIES COMPORTEMENTALES
77 Jacques-Philippe Leyens
PSYCHOLOGIE SOCIALE, 2ᵉ éd.

78 Jean Rondal
VOTRE ENFANT APPREND A PARLER
79 Michel Legrand
LE TEST DE SZONDI
80 H.J. Eysenck
LA NEVROSE ET VOUS
81 Albert Demaret
ETHOLOGIE ET PSYCHIATRIE
82 Jean-Luc Lambert et Jean A. Rondal
LE MONGOLISME
83 Albert Bandura
L'APPRENTISSAGE SOCIAL
84 Xavier Seron
APHASIE ET NEUROPSYCHOLOGIE
85 Roger Rondeau
LES GROUPES EN CRISE ?
86 J. Danset-Léger
L'ENFANT ET LES IMAGES DE LA LITTERATURE ENFANTINE
87 Herbert S. Terrace
NIM, UN CHIMPANZE QUI A APPRIS LE LANGAGE GESTUEL
88 Roger Gilbert
BON POUR ENSEIGNER ?
89 Wing, Cooper et Sartorius
GUIDE POUR UN EXAMEN PSYCHIATRIQUE
90 Jean Costermans
PSYCHOLOGIE DU LANGAGE
91 Françoise Macar
LE TEMPS, PERSPECTIVES PSYCHOPHYSIOLOGIQUES
92 Jacques Van Rillaer
LES ILLUSIONS DE LA PSYCHANALYSE, 2ᵉ éd.
93 Alain Lieury
LES PROCEDES MNEMOTECHNIQUES
94 Georges Thinès
PHENOMENOLOGIE ET SCIENCE DU COMPORTEMENT
95 Rudolph Schaffer
COMPORTEMENT MATERNEL
96 Daniel Stern
MERE ET ENFANT, LES PREMIERES RELATIONS
97 R. Kempe & C. Kempe
L'ENFACE TORTUREE
98 Jean-Luc Lambert
ENSEIGNEMENT SPECIAL ET HANDICAP MENTAL
99 Jean Morval
INTRODUCTION A LA PSYCHOLOGIE DE L'ENVIRONNEMENT
100 Pierre Oleron et al.
SAVOIRS ET SAVOIR-FAIRE PSYCHOLOGIQUES CHEZ L'ENFANT
101 Bernard I. Murstein
STYLES DE VIE INTIME
102 Rondal/Lambert/Chipman
PSYCHOLINGUISTIQUE ET HANDICAP MENTAL
103 Brédart/Rondal
L'ANALYSE DU LANGAGE CHEZ L'ENFANT
104 David Malan
PSYCHODYNAMIQUE & PSYCHOTHERAPIE INDIVIDUELLE
105 Philippe Muller
WAGNER PAR SES REVES
106 John Eccles
LE MYSTERE HUMAIN
107 Xavier Seron
REEDUQUER LE CERVEAU
108 Moreau/Richelle
L'ACQUISITION DU LANGAGE
109 Georges Nizard
ANALYSE TRANSACTIONNELLE ET SOIN INFIRMIER
110 Howard Gardner
GRIBOUILLAGES ET DESSINS D'ENFANTS, LEUR SIGNIFICATION

111 Wilson/Otto
LA FEMME MODERNE ET L'ALCOOL
112 Edwards
DESSINER GRACE AU CERVEAU DROIT
113 Rondal
L'INTERACTION ADULTE-ENFANT
114 Blancheteau
L'APPRENTISSAGE CHEZ L'ANIMAL
115 Boutin
FORMATION ET DEVELOPPEMENTS
116 Húsen
L'ECOLE EN QUESTION
117 Ferrero/Besse
L'ENFANT ET SES COMPLEXES
118 R. Bruyer
LE VISAGE ET L'EXPRESSION FACIALE
119 J.P. Leyens
SOMMES-NOUS TOUS DES PSYCHOLOGUES ?
120 J. Château
L'INTELLIGENCE OU LES INTELLIGENCES ?
121 M. Claes
L'EXPERIENCE ADOLESCENTE
122 J. Hayes et P. Nutman
COMPRENDRE LES CHOMEURS
123 S. Sturdivant
LES FEMMES ET LA PSYCHOTHERAPIE
124 A. Pomerleau et G. Malcuit
L'ENFANT ET SON ENVIRONNEMENT
125 A. Van Hout et X. Seron
L'APHASIE DE L'ENFANT
126 A. Vergote
RELIGION, FOI, INCROYANCE

Hors collection

Paisse
PSYCHOPEDAGOGIE DE LA LUCIDITE
Paisse
ESSENCE DU PLATONISME
Collectif
SYSTEME AMDP
Boulangé/Lambert
LES AUTRES, L'EXPRESSION ARTISTIQUE CHEZ LES HANDICAPES MENTAUX

Manuels et Traités

2 Thinès
PSYCHOLOGIE DES ANIMAUX
3 Paulus
LA FONCTION SYMBOLIQUE ET LE LANGAGE
4 Richelle
L'ACQUISITION DU LANGAGE
5 Paulus
REFLEXES-EMOTIONS-INSTINCTS
Droz-Richelle
MANUEL DE PSYCHOLOGIE
Hurtig-Rondal
MANUEL DE PSYCHOLOGIE DE L'ENFANT (Tome 1)
Hurtig-Rondal
MANUEL DE PSYCHOLOGIE DE L'ENFANT (Tome 2)
Hurtig-Rondal
MANUEL DE PSYCHOLOGIE DE L'ENFANT (Tome 3)
Rondal-Seron
LES TROUBLES DU LANGAGE (DIAGNOSTIC ET REEDUCATION)